高校体能训练研究

邢荣鑫◎著

吉林人民出版社

图书在版编目（CIP）数据

高校体能训练研究 / 邢荣鑫著 . -- 长春 : 吉林人
民出版社 , 2024. 4. -- ISBN 978-7-206-20913-0

Ⅰ . G808.14

中国国家版本馆 CIP 数据核字第 2024VD4037 号

责任编辑：王　斌
封面设计：清　风

高校体能训练研究
GAOXIAO TINENG XUNLIAN YANJIU

著　　者：邢荣鑫
出版发行：吉林人民出版社（长春市人民大街 7548 号　邮政编码：130022）
咨询电话：0431-85378026
印　　刷：长春市华远印务有限公司
开　　本：787mm×1092mm　　1/16
印　　张：9.75　　　　　　字　　数：150 千字
标准书号：ISBN 978-7-206-20913-0
版　　次：2024 年 4 月第 1 版　　印　　次：2024 年 4 月第 1 次印刷
定　　价：58.00 元

前　言

20世纪80年代中后期，"体能"这一术语开始在国内各类媒体和文献中出现，也成为目前国内体育训练圈中频繁使用的一个词语。近年来，我国各项竞技运动训练都逐渐开始强调体能训练。在体育教学实践中，体能训练发挥着重要作用，而且体能训练要"因时而异，因地制宜"，需要根据不同的运动员项目分别实施不同的训练方法和手段。

众所周知，强健的体魄是运动员技术技巧和战略执行的基础。因此，本书对各类运动员关于体能训练的理论、规则和方式进行了全面的研究和解析，希望能给予高校学生在体能训练方面一些指导和帮助，为推动高校体育事业的持续发展贡献一份力量。

尽管目前我国学生的体质水平已经上了一个台阶，但也应看到其中还存在一些不足，如学生在进行体能训练的过程中，往往忽略了其他身体素质的发展，违背身体素质全面发展的理念，不利于学生的全面发展。想要通过运动来增强学生的体质，就要在力量、速度、耐力、柔韧性和敏捷性等方面做到全面增强。此外，学生在进行体能训练前后，都需要了解自己的身体发展水平，如此才能采取更有针对性的措施或手段进行体能训练。而体能训练后，身体素质的测试也能够给学生一个客观、明确的训练反馈，根据这一反馈，学生才能够及时地调整或改变体能训练计划，从而更好地促进身体素质的全面发展。

　　笔者在创作中投入了许多时间和精力，倾注了大量心血，尽力让这本书写得更好。然而，因为资源和能力的限制，书中可能会有一些遗漏，还望各位读者朋友不吝赐教，并提供宝贵意见。

目　录

第一章　高校体能训练的理论与方法

第一节　力量素质训练的理论与方法

一、力量素质概述

（一）力量素质的概念

力量素质是指人的身体或身体的某些部位用力的能力，也指肌肉在人体运动时克服内外部阻力的能力。外部阻力指的是重力、摩擦力、离心力、惯性力等；内部阻力指的是人体自身的重力、关节的加固力、人体内部的反作用力等。

不同的运动项目对人体力量素质的要求是不同的，而且不同的身体素质在不同的运动项目中的重要程度也是不同的。同时因为力量素质在大多数运动项目中都占有比较重要的位置，可以说力量素质是进行一切运动的基础，所以进行力量素质训练对学生来说是十分必要的。

（二）力量素质的分类

对力量素质的分类和组成成分有正确的了解与认识，有助于学生合理安排力量素质训练的内容和方法，以此提升力量素质训练的效果。

力量素质具有三种表现形式：最大力量、速度力量、力量耐力。

最大力量是指肌肉通过最大随意收缩抵抗无法克服的阻力过程中所表现出的最高力量值。影响人体最大力量的因素包括肌肉的生理横断面和肌肉间及肌纤维之间的协调性。

速度力量是指人体神经肌肉系统用尽可能快的速度发挥力量的能力。影响速度力量的因素包括人体肌肉的收缩速度和最大力量值。速度力量的组成成分包括起动力量、爆发力和制动力量。

力量耐力是指人体肌肉长时间克服阻力、保持肌肉紧张而不降低工作效率的能力。力量耐力又可以被细分为静力性耐力和动力性耐力，田径、游泳、篮球、足球等运动项目要求运动员具备较高的动力性耐力，射击、摔跤、支撑类运动项目则要求运动员具备较高的静力性耐力。

（三）力量素质训练的基本要求

力量素质训练的基本要求主要包括以下四点。

一是要注意全面发展身体的肌肉能力，使各肌肉群都能得到同步发展。在力量素质训练中，切忌只注重大肌肉群和主要肌肉的训练，而忽视小肌肉群和远端肌肉群的训练。如果身体的肌肉群得不到均衡协调发展，很可能使人在运动中发生运动损伤。

二是要合理安排力量训练的频率和强度。通常情况下，力量训练的频率不宜过高，每周2—3次为宜，每次训练的时间也不宜过长，35—60分钟即可。另外，每次力量训练的负荷量也要合理安排，在总体上要遵循循序渐进的原则，使力量素质能够有节奏地逐步提升。

三是要安排好力量训练的顺序，不同程度的力量训练会对身体产生不同的影响。力量训练的负荷大、次数少有利于改善人体肌肉的协调能力，而力量训练的负荷小、次数多则会影响肌肉的结构，使肌纤维变粗，进而增大肌肉的横截面。通常情况下，在对学生进行力量素质训练时，都是先进行负荷小、次数多的力量训练，等有了一定的力量基础后，再进行负荷大、次数少的力量训练，这样的训练顺序有利于提升学生的力量素质，而且还能最大限度地避免发生运动损伤。

四是在力量训练中，一定要把安全放在首要位置。高校学生在参与力量训练时，一定要集中注意力，确保训练姿势和动作的正确性，量力而行，避免在训练中发生运动损伤。在力量训练结束后，可以采用按摩、淋浴等方式使身体的肌肉得到一定程度放松。

二、力量素质训练的方法与手段

（一）发展最大力量的训练方法与手段

肌肉的生理横断面和肌肉间及肌纤维之间的协调性是影响最大力量的重要因素，因此，发展最大力量要从这两个方面进行训练。

1.增大肌肉生理横断面的最大力量训练

（1）训练负荷强度

根据每个人的具体情况，训练负荷的强度也要有所区别。一般最适宜的负荷强度为个人能够承受最大负重的60%—85%，以这样的负荷强度进行重复练习，有利于增加肌肉体积，增大肌肉的生理横断面，从而提升最大力量值。需要注意的是，为了减轻学生的心理负担，也为了避免其在训练中发生运动损伤，95%以上的极限负荷强度训练不建议使用。

（2）训练重复的次数与组数

按照60%—85%的负荷强度进行训练的话，一般每组重复练习4—8次，每次可做5—8组训练。总的来说，训练的重复次数是根据训练的负荷强度决定的，次数、组数不同，对身体产生的作用也不同。

（3）训练持续的时间

每次训练时做动作的速度可以相应慢点，以保证动作能够自然、流畅地完成。通常情况下，一个动作应该在4秒左右完成，这样有利于增大肌肉体积，使肌纤维变粗，从而增大肌肉的生理横断面。

（4）训练间歇时间

每组训练完成后身体会产生一定的疲劳感，需要间歇一定的时间使身体的疲劳感完全消失后再进行下一组训练。通常情况下，高水平运动员经过2—3分钟即可进行下一组训练，但如果学生的力量水平较低，可以延长间歇时间。需要注意的是，间歇期间不能完全放松休息、停止运动，而是要做一些放松的活动和练习，这样会更有利于消除疲劳，恢复体力。

2.改善肌肉协调能力的最大力量训练

（1）训练负荷强度

通常采用的训练负荷强度为人体能够承受最大负重的85%以上，这样的负荷强度能够动员更多的肌纤维单位参与训练，有利于促进和改善肌肉的协调能力。

（2）训练重复的次数与组数

训练重复的次数与组数要能够达到训练所规定的负荷强度。通常情况下，每次训练需进行 5—8 组，每组 1—3 次。当然，学生也可以根据自身具体情况适当地增加训练的次数与组数。

（3）训练持续的时间

每次训练时做动作的速度要适当加快，通常情况下，一个动作应该在 2 秒左右完成。

（4）训练间歇时间

每组训练之间的间歇时间在 3 分钟左右即可，而且不管是局部肌肉训练还是全身肌肉训练，都要保证在肌肉疲劳感消失之后再进行下一组练习。同样地，间歇期间要做一些有利于肌肉恢复的放松活动。

（二）发展速度力量的训练方法

速度力量的训练可采取负重和不负重两种不同的训练方法。

1. 负重训练法

（1）训练负荷强度

在负重训练法的速度力量训练中，如果负重过大便会影响速度力量的发展，但如果负重过小又难以达到想要获得的效果。所以在通常情况下，负荷强度适宜选用人体最大负重的 40% ～ 70%，这种负荷强度可以同时兼顾速度和力量的发展。

（2）训练重复的次数与组数

训练重复的次数与组数要以不降低完成动作的速度为准。通常每次训练需进行 3—6 组，每组 5—10 次，如果在训练中发现学生的动作速度有所下降，可以相应减少重复次数或停止练习。

（3）训练间歇时间

速度力量训练间歇时间过长容易使中枢神经的兴奋度下降，这对后面的训练十分不利。因此，间歇时间不宜安排过长，一般以 2—3 分钟为宜。

2. 不负重训练法

利用不负重训练法进行速度力量训练，主要是采取各种形式的方法来克服自身体重进行跳跃练习，如台阶跳、跨步跳、纵跳、蛙跳等。在进行不负重跳跃训练时，要注意保持动作的连贯性、爆发性和速度，也可将不负重跳跃训练与专项运动技术训练结合起来，这对于发展速度力量十分有效。

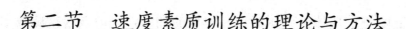

第二节　速度素质训练的理论与方法

一、速度素质概述

（一）速度素质的概念及其分类

速度素质是指人体或人体的某个部位在最短的时间内完成动作的能力。按照速度素质的不同表现形式，可将速度素质细分为反应速度、动作速度和移动速度。其中反应速度是指人体对外界刺激作出反应的时间长短；动作速度也称动作频率，是指人体或人体的某个部位完成某个动作所用时间的长短；移动速度是指人体快速发生位移的能力。这三者之间既相互联系，又存在差别。反应速度主要体现在神经活动方面，动作速度和移动速度则主要体现在肌肉活动方面。

（二）速度素质训练的目标与要点

1. 速度素质训练的目标

速度素质训练的目标有三个：一是训练膝关节屈肌的离心收缩力量。二是减少脚掌着地的时间，提高步伐频率，发展运动员的速度力量；三是将脚的着地点控制在身体重心的下方，提升小腿、脚在着地时的后摆速度，从而减少着地时产生的制动力。

2.速度素质训练的要点

速度素质训练的要点有四个：一是提升着地时小腿与脚后移的速度；二是减少垂直冲力与控制动力；三是用脚支撑的时间要短，步频要快；四是重视膝关节屈肌离心力量的训练，同时改善摆腿技术。

二、速度素质训练的方法

（一）提升反应速度的方法

想要提升学生的反应速度，主要利用多种信号（如口令、哨声、枪声、手势、掌声等）不断刺激学生，让学生不断做出反应，以促进其反应速度的提升。

反应速度主要针对以下三个方面进行训练：一是视觉反应。通过让学生观察手势、物体、旗势等信号的变化和移动，做出相应的应答，经过不断训练，以提升学生的视觉反应能力；二是听觉反应。通过让学生认真听枪声、哨声、口令、击掌声等声音信号，做出相应的应答，经过不断训练，以提升学生的听觉反应能力；三是综合反应。通过对学生进行先后或同时的信号刺激（包括视觉、听觉、触觉等），使学生做出相应的应答，经过不断训练，以提升学生的综合反应能力。

（二）提升动作速度的方法

常见的提升动作速度的方法主要有以下几种。

1.助力训练法

助力训练法是指在训练中给学生必要的助力帮助学生快速完成动

作。如教练会让铅球运动员在投掷球之前最后用力的瞬间给予助力让其体会快速发力的感觉，体操运动员会在教练的助力下完成快速摆腿振浪的练习。此外，在训练时借助外界的助力也算助力训练法，如短跑训练中的借助下坡跑、牵引跑、顺风跑等方式进行训练。

2. 速度控制训练法

速度控制训练法是通过对学生动作速度的有效控制来提升其对动作速度的感知能力，从而提高学生动作速度的训练方法。如在一些注重表现完美性的训练中，其中一个或几个高难度的动作与整套动作之间适合速度比例的训练，这不仅要求发挥出这几个动作的最高速度，还要重视这几个动作与整个动作的节奏配合。再如，武术运动员在进行速度训练时，会先用比正常比赛相比较慢的速度进行，在训练的过程中体会用力的大小、方向和节奏等，之后再用最大的速度完成动作，这种方式能够有效提升其动作速度。

3. 加大动作难度训练法

在练习某一动作或技术前，先在该动作的基础上加大阻力、加大难度进行练习，然后再恢复到正常的水平进行。这种利用前面练习对神经系统及运动系统的较高要求而形成的痕迹作用，可以有效地提高动作速度。如练习跑、跳时，先进行负重跑、跳练习，经过一段时间的练习后，再去掉负重恢复到正常状态进行跑、跳训练，就会感到轻松、有力，从而能够有效地提升跑、跳的动作速度。

4. 变换训练法

变换训练法主要是通过缩小训练的时间和空间界限来完成训练，通常情况下，会采用缩小训练场地的方法，再加上限制训练的时间，使技术动作出现的频率增高，通过不断练习，以此来提升学生完成动

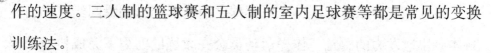

作的速度。三人制的篮球赛和五人制的室内足球赛等都是常见的变换训练法。

5. 信号刺激训练法

信号刺激训练法是通过信号对学生进行刺激以提升其动作速度的方法。如让学生听着同步的伴奏，快速做出与伴奏节奏相一致的动作。

此外，肌肉随意放松的能力也直接决定着动作速度素质，因此，在对学生的动作速度素质进行训练前，使之充分放松肌肉也是非常重要的。

（三）提升移动速度的方法

通常情况下，最常用的提升移动速度的方法有以下几种。

1. 增强肌肉力量

物质运动速度的获得是有力作用的结果，物理学中，在其他条件相同的情况下，质量越大，速度越快；在质量相同的情况下，作用力越大，加速度越大，移动的速度也就越快。一个人的质量是一定的，因此要想提升其移动速度，则必须提升其腿部肌肉收缩的力量。常见的提升腿部力量的方法有蛙跳、单腿跳、负重半蹲、双足跳等。

2. 减少内外阻力

学生要想提升移动速度，可以从两个方面进行努力：一是要努力减少来自自身体重、空气阻力、惯性、摩擦力等影响移动速度的外部阻力；二是减少肌肉的黏滞性、活动关节囊的摩擦力和对抗肌对肌肉群的牵引力等影响移动速度的内部阻力。只有影响移动速度的内、外阻力减少了，才能有效地提升移动速度。常见的减少内外阻力的方法有控制体重、提高肌肉协调性和提高动作技术正确性等。

3. 提高综合能力

移动速度素质是一种综合能力的体现，学生的力量素质、柔韧素质和灵敏素质都对其移动速度有一定的影响。另外，机体神经系统的灵敏性、心血管系统的功能与适应性等都会影响学生的移动速度。因此，在对学生进行移动速度素质训练时，要采用多样化的训练方法与手段，使学生不断克服自身的"速度障碍"，从而提高学生在各个动作技能之间的转换能力，有效地提高学生的综合能力。

第三节　耐力素质训练的理论与方法

一、耐力素质概述

（一）耐力素质的概念

耐力素质可以理解为身体能在一段时间内坚持执行特定负荷或保持行动品质的能力，这对于成功实施动作、抵抗训练疲劳至关重要。增强耐力意味着学生在做运动时能够在较长一段时间内保持特定的体能压力或动作质量。因此，如果运动员想要在整场比赛中一直保持这种特定的体能压力或动作质量，就必须进行耐力训练，以确保达到优异的耐力水准。在耐力训练中，学生肯定会陷入疲劳，但身体对抗疲劳的能力也直接反映了他们的耐力素质水准。

（二）耐力素质的分类

从生物学的视角对耐力素质进行区分，可主要划分为肌肉耐力和心脏血管耐力两大部分。

（三）耐力素质训练的基本要求

1.有氧耐力与无氧耐力训练相结合

有氧耐力与无氧耐力之间具有密切联系。进行有氧耐力的训练，能够为无氧耐力的增进打下坚实的基础。在学生接受有氧耐力训练时，能有效增大他们的心脏容量、提升每次心跳的输出量，进而为无氧耐力的提高奠定基础。

在有氧耐力训练中，加入一些无氧耐力训练，不仅可以对学生的呼吸和循环系统产生积极的改善效果，还能提高他们体内的输氧能力。因此，在对学生进行耐力素质训练时，一定要将有氧耐力和无氧耐力的训练结合起来进行，使两者能够相互促进、相互提升。

2. 掌握呼吸技术

学生在掌握呼吸技术方面的能力，将直接影响他们有氧耐力训练的效果。呼吸的主要功能就是为耐力能力获取必需的氧气，以提高氧气的吸收量。强化耐力能力最主要的方法就是增强呼吸频率和加深呼吸的深度。其中加深呼吸深度是最有效的方法，因为只有呼吸的深度越深，才能吐出更多的二氧化碳，从而吸进更多的氧气。所以，在进行耐力训练的过程中，特别需要重视对学生呼吸技巧的提升，特别是加强其深呼吸和鼻子呼吸的技能训练。

3. 体现个性化特点

由于每个学生的体质、运动技能、身体机能等各不相同，为了尽可能地提升学生的耐力素质，在进行耐力训练时，不仅要坚持大负荷训练，同时也要在训练中体现出个人的独特性。换句话说，就是要根据每个学生的具体情况，使用不同的耐力训练方法与手段，再根据学生的实际情况为其制订个性化的训练方案。

4. 注意体力的恢复

学生在进行耐力训练时一般要经历长时间的运动，这很容易使他们陷入疲劳状态。因此，在体能训练结束后，一定要注意使学生恢复体力，应组织学生做各种肌肉放松的活动，学生也可以自行采用按摩或温水浴等方式使身体得到放松，从而消除疲劳、恢复体力。另外，也要注意蛋白质、糖等能量物质的补充，这能有效地促进体力的恢复。

5.加强医务监督

耐力素质训练的特点是持久性和负荷强度大，这对学生的身体系统有一定的影响。所以，如果学生的运动能力和健康水平不达标，耐力训练很可能对他们的身体造成伤害。因此，在进行耐力训练时，医疗人员的监督是必不可少的。一方面，他们要能评价学生的生理功能，判断他们是否适合参加耐力训练；另一方面，他们需要密切观察学生在耐力训练中的状态，如果发现学生有任何不正常情况，应适当降低训练的难度和训练负荷，甚至可以直接停止训练。

二、耐力素质训练的方法与手段

（一）持续训练法

持续训练法就是让学生在一定时间内持续不断地进行耐力训练。这种训练方法在田径运动体能训练中会经常用到，是准备期训练中主要采用的体能训练方法。

依据不同运动项目的不同特点、训练目标、训练水平和训练任务，持续训练法的负荷强度既可以固定也可以不固定，但一般都以小强度或中强度为主。对于体能训练而言，会使用固定的训练方法，一般会让训练负荷持续至少30分钟。此外，对那些高水平的运动员来说，其平均训练时长应定在60—120分钟。然而，如果参与的是马拉松或其他类似的长距离田径运动，训练时长也应适当延长。

持续训练法能够有效提高有氧耐力，提升机体的摄氧能力和输氧能力。通常情况下，持续训练的强度和负荷量不同，训练所产生的作用也不同。

（二）间歇训练法

在相对固定的条件下，严格按照事先规定的训练距离、训练强度、训练持续时间、训练重复次数、训练间歇时间等进行训练的方法叫作间歇训练法。这种训练方法最大的特点就是对时间有严格的要求，在训练的准备期，这是一种主要的体能训练方法。

采用间歇式的训练模式来对学生进行体育锻炼，通常情况下都会选用积极的间歇模式，而且即使是轻速跑或步行的训练，同样也会加入些舒缓性的练习。一般情况下，间歇训练法会在学生的心率恢复到 120—130 次 / 分钟之后（此时体能还没有完全恢复）就会进行下一次训练。因此，间歇训练法是一种有效提升学生的耐力水平的训练方法，具体表现在四个方面：1. 能够提升机体心肌收缩力能力和心脏每搏输出量。2. 能够有效提升人体呼吸系统的功能，提升人体的最大摄氧量。3. 对于一些强度不大但是需要持久的中距离跑步等运动项目，通过实施间歇训练法进行耐力提升，能够有效增强身体对糖原进行有氧分解的能力，从而显著提高身体的有氧耐力水平。4. 对于一些运动持续时间较短而负荷相对较高的中距离跑或短跑项目，采用间歇训练法进行耐力训练能够有效提高身体的有氧无氧混合耐力及无氧耐力水平。

运用间歇训练法进行耐力训练时，训练持续时间、训练强度、训练间歇时间，以及训练重复次数发生变化，其产生的效果也会有所不同。

（三）重复训练法

在保持动作模式和训练负荷量不变的情况下，依照预定距离、时间长度和负荷力度来进行反复训练的手段，被称为重复训练法。这是在比赛初始阶段的主要训练手段，其特色在于训练强度高而训练频次较低。对以无氧代谢为主的短跑耐力训练和以混合代谢为主的中等长度跑项目来说，重复训练法是一种比较好的训练方法，原因主要体现在以下两点。

1. 像200米、400米这类短跑比赛对运动员的速度和耐久力有着较高要求的，通过坚持一段长时间的连续奔跑训练，可以有效提高机体无氧代谢乳酸能系统的能源供应水平。

2. 在800米赛跑中，无氧供能占据了很高的比例，因此会有大量的氧债积累，并伴随乳酸堆积。在体能训练期间，通过进行500—1500米的重复跑步训练，不仅可以让身体更有效地应对氧债和乳酸堆积，而且能显著提升机体的无氧耐力和速度耐力。

运用重复训练法进行耐力训练时，训练持续时间、训练强度、训练间歇时间，以及训练重复次数发生变化，其产生的效果也有所不同。

（四）比赛训练法

借助比赛形式或模拟比赛的形式对运动员的比赛能力和专项耐力进行训练的方法就是比赛训练法。利用比赛训练模式进行各个比赛阶段的准备，在运用这个框架进行身体能力训练时，务必要留意以下三个要素。

1. 训练的时间、距离、负荷量、强度等都要与正式比赛的形式和特点无限接近。

2. 为了提升比赛的能力，应将比赛的技术充分融入专项耐力训练之中。

3. 训练要以实战为基础，要按照为比赛确定和设计的战术进行训练，不断培养比赛的能力，为比赛积累经验。

第四节　柔韧素质训练的理论与方法

一、柔韧素质概述

（一）柔韧素质的概念

柔韧素质是指人体关节各个部分的活动空间和肌肉、肌腱等柔软组织的弹力及伸展性。"柔"代表了肌肉、韧带等可被拉长的最大可能性，"韧"则代表了肌肉、韧带在被拉长后保持长度的能力。根据运动项目不同，其对柔韧素质的要求也有所不同。

（二）柔韧素质的分类

依据不同的分类依据，柔韧素质可以被分为不同的种类：一般的柔韧素质是机体为适应基础技能的发展所需具备的柔韧体能；专项柔韧素质则是为了实现特定运动技巧所需的柔韧体能；主动柔韧素质是身体在运动时主动表现出的柔韧度；被动柔韧素质是身休在外部力量的帮助或干预下所表现出的柔韧度。

（三）柔韧素质训练的基本要求

为了保证柔韧素质训练的效果，在进行柔韧素质训练时要遵守三个基本要求。

1. 坚持练习

学生可以通过持续且专业的体能训练来培养柔韧性。不过这种柔韧性并非获得后便可长久保持的。一旦停止了训练，肌肉、肌腱、韧带等方面的柔韧性将迅速衰退。因此，如果希望具有长久的柔韧性，便必须坚持进行体能训练，而且需要有计划地逐步增强稳固水平，这样才能使柔韧素质得以长期保留且不断提升。

2. 兼顾相互联系的部位

柔韧训练作为针对全身的训练，训练目的就是使学生的整个身体都能够协调发展。因此，在进行柔韧素质训练时，不能只针对身体的某一关节或某一部位，还要兼顾其他相互联系的部位。如"体前屈"运动，虽然主要是训练腿部的柔韧性，但是其与脊柱、肩、髋部的柔韧性也是密切相关的。所以，在训练中对这些相互联系的部位也要进行训练。总的来说，在进行柔韧素质的锻炼时，学生需要强化主要关节及所有相关关节的训练，实现主要和次要的适度结合，还要保证训练的优先次序。

3. 控制拉伸力度

学生在进行肌肉拉伸柔韧素质训练前，一定要做好充分的准备活动和热身运动，这样能有效降低肌肉的黏滞性。在进行拉伸运动的过程中，要特别注意控制拉伸的力度，避免出现用力过猛、过急的现象，一旦在拉伸训练中出现紧绷感和疼痛感，应立即减轻拉伸力度或停止拉伸练习。拉伸训练应该循序渐进地进行，并且在训练中应仔细观察学生的反应，以便能够及时合理地对学生的拉伸力度进行调整，只有这样才能使学生的柔韧素质得到良好的发展。

二、柔韧素质训练的方法

在对学生的柔韧素质进行训练时，最常用到的训练方法就是拉伸训练法。主要分为动力拉伸训练法和静力拉伸训练法两种不同的类型。

（一）动力拉伸训练法

动力拉伸训练法是一种依赖重复迅速且有节奏的同一拉伸动作来进行的训练方法，这种训练方法分为主动拉伸和被动拉伸两种，前一种要求训练者使用自身的力量来实施拉伸动作，而后一种则可以依靠伙伴或其他的外部力量来辅助拉伸。

通过动力拉伸法进行柔韧性训练，会触发肌肉的拉伸反应，能够进一步提高肌肉的拉伸和收缩能力。此外，动力拉伸训练能够增进体内血液循环，有利于优化肌肉、韧带等软组织的营养水平，并进一步提升肌肉的弹性和活动性能。但是采用此种训练方式时，一定要警惕避免过度或快速用力，动作幅度应逐步增加，以避免拉伤肌肉。

（二）静力拉伸训练法

通过缓慢的动作延展软组织如肌肉、肌腱和韧带到一定长度后静止身体，以保持持续的拉伸刺激，这就是静力拉伸训练法。在使用静力拉伸训练法进行柔韧能力训练时，通常是将肌肉拉到产生酸、胀、痛的程度，然后静止8—10秒，每次练习重复6—10次动作。

静力拉伸训练法也分为主动拉伸和被动拉伸两种方式。其中主动拉伸是指训练者主动靠自身的力量完成整个柔韧素质训练，被动拉伸是指训练者在外力（同伴、器械等）的协助下完成柔韧素质训练。

尽管静态拉伸训练的强度不大，但其动作范围通常较大，对肌肉和韧带等的伸展性有出色的促进效果。此外，进行这一训练无须特殊设备或场所，操作过程也相当简单。因此，静态拉伸训练成为提升柔韧性的主要方式。在实际应用静态拉伸训练提升柔韧素质时，有几个注意事项：动作范围需做到最大，尽可能地拉长肌肉和韧带等软组织；拉伸的强度应有序逐步提高，直至感受到疼痛为止；两轮训练的休息时间可根据个人感觉灵活决定；拉伸训练动作以快为主，但也需注意速度的控制；拉伸训练的组数和次数无固定要求，可以依据训练者的具体情况及训练阶段和具体部位科学设定。

三、柔韧素质训练在教学中的应用

（一）柔韧素质训练在跆拳道教学中的应用

随着素质教育观念深入人心，越来越多的高校开始在教学中引入跆拳道课程。适当的跆拳道训练不仅能强化学生的身体协调能力，还能显著提升他们的体质水平，进而帮助学生在各方面取得全面进步。柔韧素质训练是跆拳道教程中非常重要的一环，对学生未来的跆拳道技能有直接影响。所谓的柔韧素质就是指在活动时扩大活动范围的能力，这个能力与学生的关节活动范围及动作质量息息相关。一般而言，柔韧性越好，相关活动的表现就会越好，各部位关节的活动也会更加流畅。因此，对于教师来说，如果他们想提高教学效率，就应该

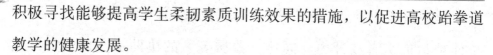

积极寻找能够提高学生柔韧素质训练效果的措施，以促进高校跆拳道教学的健康发展。

1. 高校跆拳道教学中柔韧素质训练的主要作用

（1）提高学生的身体柔韧性

鉴于跆拳道教学对训练者的身体灵活度有较高的要求，因此通过高效的柔韧素质训练可以有效地增强学生的身体柔韧度。学生腿部和髋部的灵活度与身体的协调性紧密相关，并且与跆拳道训练中各动作的准确性也有深刻的关联，因此对学生进行柔韧素质训练是非常重要的。另外，通过科学且恰当的柔韧素质训练可以有效地提升学生的身体柔韧度，使学生能够更好地掌控各种跆拳道动作，进一步提高高校跆拳道教学水平。

（2）加强学生的身体灵活性

在跆拳道教学中，经常有一些有关对抗训练的话题。如果学生的身体柔韧性很好，那么他们在对抗训练中就会取得更多的优势。因此，相应的柔韧素质训练能够非常有效地提高学生的身体柔韧性，也能进一步加快他们在学习跆拳道过程中的反应速度，最大限度地避免一些意外事故。而且，科学的柔韧素质训练可以持续提高学生关节的协调性，也能有效地加强学生的肌肉收缩能力。所以，在高校的跆拳道教学中，引入柔韧素质训练可以有效地减少学生在学习过程中可能遇到的各种意外情况。

（3）不断强化学生的抗压能力

高校跆拳道教学中通过柔韧素质训练可以辅助学生更好地应对各种身体和心理的压力，从而有效地培养他们的顽强意志力，不断强化他们的抗压能力。

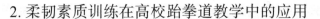

2. 柔韧素质训练在高校跆拳道教学中的应用

（1）应用合理的柔韧素质训练方式

在高校的跆拳道教学中，教师通常会利用多样化的训练手段。这些训练常常需要大量的体力和耐力投入。因此，经过长时间的训练后，学生可能会对跆拳道的学习逐渐产生厌倦情绪，这对提升高校跆拳道的教学质量非常不利。因此，教师在进行实际的教学活动时要灵活选用各种训练方式。以下是一些跆拳道教学中主要的柔韧素质训练手段。

①静态拉伸训练。此训练法包含了主动和被动两大类，在实际运用时，学生的肌肉或韧带如能承受一定强度的拉伸并且保持静止一段时间，那就意味着他们的肌肉和韧带能顺利适应这个强度，使他们在日后的训练中能有效防止出现各种意外。

②动力拉伸训练。在动力拉伸训练中，主动和被动拉伸是两个重要类型，通常会在进行静力拉伸训练后再进行。在这个训练过程中，教师需要提醒学生，动作不宜过大，因为在做柔韧性训练的时候，过度剧烈的动作可能会伤到韧带。

③ PNF 展开技巧。这类柔韧素质训练技巧也称为神经肌肉刺激疗法，借助恰当的 PNF 展开技巧，能够使肌肉的展开范围更广泛，同时也能提高学生的韧带稳定能力。

（2）合理安排柔韧素质训练

在高校跆拳道教学中，教师须妥善规划训练课程，并将预热活动与课程有序融合，鼓励学生充分吸收并掌握相关知识。在进行柔韧素质训练时，建议时间设定要较长一些，如大约 18 分钟。值得注意的是，在实际的训练环节中，教师需要重视学生身体各个部位的训练，以全方位提高学生的柔韧性。此外，在完成相关训练内容的教学后，教师也可以引导学生做一些合适的固化训练，这个阶段的柔韧素质训练主要以放松练习为主。通过合理地安排柔韧素质训练不仅可以节约教学时间，同时也能大大激发学生的学习兴趣，进一步提高教学效率。

（3）加强师资队伍建设，不断优化训练效果

在高校跆拳道教学中，教师起着极其重要的作用。在柔韧素质训练阶段，教师的教学理念和方式将直接影响教学成效。因此，高校需要着重提升教练团队的素质，从而推动跆拳道教学水平的提升。教师必须持续精进并完善自己的教学手法，更新柔韧素质训练的教学理念，并运用各种现代教学资源和工具，提高柔韧素质训练的成效。此外，教师也需要根据学生的具体需求来选择最合适的教学策略，通过特定的训练指导，推动跆拳道教学的发展。

（二）柔韧素质训练在竞技健美操教学中的应用

在竞技健美操中，柔韧性不仅是其基础要素，更是影响运动员表现的关键因素。因此，柔韧素质训练在健美操训练中占有极其重要的位置。

1.竞技健美操的特点及分类

在体操规则中，多样性是一大特点，而最权威的国际体操联合会则明确规定，健美操竞赛通常是指在音乐伴奏下，可以展现连贯、复杂及高强度全套动作的体能活动。该项目中的全套动作需通过一系列的高难度动作组合，以及柔韧性与过渡性的连接组合来显示运动员的力量、柔韧性、灵活性和速度变化。通过利用各种各样的操练动作

组合和七种基本步伐，来表现健美操选手完美完成全套动作的竞技实力。

有研究指出，传统的有氧运动实际上是竞技健美操的源头，其主要目的是对身体的强化。如金宇晴和张林在他们所著的《健身俱乐部经营与管理》中明确写道，竞技健美操是一种具有高艺术感、强节奏感、广泛适应性且利于健康的体育活动。伴随国家的发展和经济的繁荣，人们的消费水平不断提高，快节奏的生活使他们忽视了身体的训练和塑形，导致了一些欠佳的身体状况如肥胖过度、体态畸形等。有研究表明，对于希望提高身体节奏感和协调性、改变体型、控制体重的人群，竞技健美操具有明显效果，并且可以丰富人们的日常生活。

通常来说，竞技健美操可以按照性别、参赛者年龄、竞赛项目，以及学校类型进行分类。根据竞技健美操组织联合会所制定的国际规则，按年龄分可分为少年预备组（6—9岁）、国家预备组（10—11岁）、年龄一组（12—14岁）、年龄二组（15—17岁）和成年组（18岁及以上）。按性别可分为男子组、女子组及男女混合组。从竞赛项目的角度划分，可分为有氧舞蹈操、有氧踏板操、男子单人操、女子单人操、混合双人操、三人操和五人操等。按学校类型可以分为专科院校组、普通本科院校组、体育院校组，以及高水平院校组。音乐节奏在竞技健美操中占据了重要的地位，选用的歌曲通常节奏明快、韵律感强，一般以每秒2/4拍为主。一首常用歌曲的时长大致在1分20秒左右，在此基础上可以适当增减5秒。音乐的风格多种多样，可根据选手的表演风格、动作难度及动作速度进行选择。竞技健美操的每一拍都应该以音乐节奏为主导，需要确保动作节奏的一致性，并准确把握节奏。在音乐热情壮阔时，应当通过大范围的操作来体现其强烈和宏大，而当音乐变得细腻温婉时，应适当用小幅度、柔和的操作或小的过渡衔接方式来呈现其恬静和灵巧。

健美操比赛舞蹈由舞步搭配、高难度动作和过渡连接组成。舞步搭配是由七种基本步伐和手部动作混合而成的，再配合音乐，能够较好地展现丰富的舞蹈动作，连贯的流线感、韵律感，以及可以包含各种运动强度的持久舞蹈动作。

在设计舞蹈动作时，需要展现出创新精神，动作要富有生机、有力度、姿态优美、有弹性。高难度动作也是对舞者能力的一种反映，主要可以分为A组动力难度、B组静力难度、C组跳与跃类难度和D组平衡与柔韧类难度。每个完整的舞蹈动作中都需要有难度搭配，这不仅体现了舞者的技能水平，还提升了舞蹈动作的挑战性和观赏性。研究发现，过渡连接在舞蹈动作和高难度动作中，可以使整个动作更加流畅，同时翻滚动作作为过渡连接也可以提升整体动作的观赏效果。

2.柔韧素质的概念及分类和训练方法

（1）柔韧素质的概念及分类

匡小红曾在《健美操》一书中提出，柔韧素质可以理解为人体关节活动的覆盖范围，以及与关节相关的韧带、肌腱、肌肉、皮肤和其他组织的弹力和伸展能力。如果学生拥有良好的柔韧素质，就可以提高关节的活跃度和灵活性，使动作更富协调美感，从而达到最佳的身体功能状态。良好的柔韧素质能够极大提升动作的广泛性和轻松感，有助于使人的形态更为流畅，这也能加强动作的完整性、美感和柔韧性，使技术动作更为复杂，成为在激烈竞技中的重要的基础和专业技术训练。竞技健美操的各种技术动作和动作完成的质量都需要强大的柔韧素质作为支撑，同时维持身体姿态、延长运动寿命、保持肌肉强度和弹力，还能避免发生运动损伤。

柔韧素质主要分为一般柔韧素质、专项柔韧素质、动态柔韧素质、静态柔韧素质、主动柔韧素质和被动柔韧素质。一般柔韧素质是为提升日常技能所必需的。专项柔韧素质则是为完成特定专业的运动技能所必需的柔韧程度。由于各种专业和项目之间的区别，专项柔韧素质具有选择性。如范围、位置、身体部位、方向等在不同专业和项目之间都会有所差异。动态柔韧素质是指在执行动态技术动作时，肌肉、肌腱和韧带能够拉伸到解剖学所容许的最大范围，然后利用其回弹力完成动作。动态柔韧素质越好，完成动作的难度就越低。静态柔韧素质则是指肌肉、肌腱和韧带在执行静态技术动作时，需要拉伸到动作所需的角度，并在到达该角度时停止动作以保持一段时间所显现出来的能力。良好的静态柔韧素质可以让学生在停止动作时展示出优雅的姿态和强大的控制力，能够反映学生的静态柔韧素质水平。在运动过程中，主动柔韧素质是指学生展示出的自主柔韧素质水平，这也是能够在整套动作、复杂组合、过渡连接中体现出运动员的柔韧素质。相反，被动柔韧素质是指在教练或队友的帮助下或借助各种器械等外部力量所表达出的柔韧素质水平。

（2）柔韧素质训练方法

①主动静力性拉伸法

主动静力性拉伸法是一种独立对身体和肌肉进行拉伸的柔韧素质训练方法，此方法无须依赖外部力量或被动拉伸。大多数人都认可和喜欢这种训练方法，因其对于增强身体的柔韧性有着显著作用。具体操作方法是，利用身体的其他部分主动拉伸肌肉、肌腱和韧带，直到感到肌肉膨胀和酸痛后，保持这个姿势不动，持续 10—30 秒的时间为宜。随着训练的深入，若感觉身体的柔韧性有所提升，且肌肉膨胀和酸痛感降低后，拉伸时间可以适当增加，并把每项练习重复 4—6 次，但每次休息不可超过一分钟。这种拉伸方式从容、主动，比较安全，特别适合那些刚开始进行柔韧素质训练的学生，能够有效防止韧带拉伤。

②被动静力性拉伸法

通过借助他人或工具的帮助进行被动的伸展训练，即所谓的静力性拉伸，能使人触及主动拉伸无法达到的区域，进而有效提升身体的柔韧性。采用这种模式，需要依赖他人或工具的支持，对肌肉、肌腱和韧带进行被动拉伸，直至感受到适度的充血或痛感后，再维持这个拉伸的姿势不变，理想的持续时间应在 10—30 秒，连续进行 4—6 次。随着柔韧素质的提高，可以尝试更大范围的被动拉伸。因为这种模式是静态的，伸展速度缓慢且稳定，所以基本不会因依赖外力而导致运动损伤。

③主动动力性拉伸法

主动动力性拉伸法是指自己主动地反复进行一个有节奏的、速度较快的、逐步增大幅度的拉伸手段，并全程依赖自身的力量和速度来进行弹力展开。在使用这种拉伸方法的时候，个人施加的拉伸力度应和自身被拉伸关节的弹力保持一致。如果力度大于自身关节的弹力，就有可能导致出现韧带受伤等问题。运用这套拉伸方法时一定要防止过度用力，要确保自身的韧带被适度拉开，幅度要由小到大，应尽量避免一上来就进行大幅度拉伸，而是要先做些准备性的拉伸，然后逐步加大幅度，以防止韧带受伤。这种拉伸手法虽然提升柔韧素质的速度快、幅度大、主动性强，但容易导致运动损伤。在没有专业人员在场指导的情况下，非专业人员应小心使用这种方法，防止受伤。

④被动动力性拉伸法

被动动力性拉伸法是指通过他人或器械提供的外力，按照特定的节奏和速度，逐步增大幅度做出重复动作的一种轻型弹性运动。这项训练是倚赖他人的援助和有适度的外压以实现拉伸训练的。进行这样的拉伸动作时，应控制好他人或器械作用的力度，以免超出自身的韧性范围引发损伤。在进行被动动力性拉伸动作时，应要求施助者妥善控制力道，不能过分施力以压迫身体的柔韧部分，而应优先进行适当的预备拉伸，后续再逐渐提高施压以实现进一步拉伸。这种训练方法可以在自身无法自行深度拉伸或力道不足时，由他人或器械来承担拉伸作用，从而提高自身的柔韧素质。然而，由于外部力量难以感知自身的伸展极限，因此在拉伸过程中需要特别谨慎，并保持良好的沟通，要让施助者知晓受助者的伸展极限，避免过度拉伸导致运动损伤。

3. 竞技健美操中的柔韧素质训练

许多高难度动作的完成需要以出色的柔韧素质作为支撑，这样的素质是不可或缺的。研究发现，体操运动员的柔韧素质通常在肩部、髋部、踝部和躯干等地方得以展现。

（1）竞技健美操中的肩部柔韧素质训练

在竞技健美操训练中，压肩的跪地姿势、肩部的振动、环绕肩部及肩部的吊挂等手法常被运用至增强肩部的灵活度。通常跪地压肩需两人互相帮忙进行拉伸，而在进行此训练时，一定要注意双膝都跪在地上，两臂向前平伸至与肩部平行的位置，并使肩部角度在最大可能的范围内向下接触地面，施助者需脚掌分开坐在受助者背后，用手平压对方的双肩，同时他必须提醒受助者将大腿与地面保持垂直，且臀部不可向后方坐下。

振肩训练的常规做法就是站立振肩，此时，做动作的人须保持双腿开立，与肩膀一样宽，同时保持腰部直立，双手上举并向后振动，全程都要收紧控制核心部位，不可松腰。肩部环绕训练的两种常规做法就是前后环绕与内外环绕，做此训练的人需要将双脚开立，以肩部作为轴心，放松肩部关节，双臂向后环绕，环绕面必须与地面保持垂直，要注意避免肩部僵硬和绕动面偏离垂直面等情况发生。至于吊肩训练，其常用方法包括用单杆进行负重的吊肩与后方的吊肩，此时的训练者需双手挂在单杆上，保持垂直。在悬空的状态下，需要用两腿向上发力，然后从两手之间倒转位到后吊的位置，但是不能发力过强，以防对肩部造成伤害。

（2）竞技健美操的髋部柔韧素质训练

为了增加髋关节的伸展性，可以对髋部进行特殊训练，通常采用以下几种方式：压腿、扳腿、踢腿、环绕、转髋和劈腿。压腿训练一般采用垂直开合腿作为标准做法，通常需要两人协作，压腿时要尽可能地纵向分开双腿并维持 1 分钟左右；大腿部位需要内侧收紧，脚趾必须保持拉直，骨盆距离地面 10—15 厘米，回缩时可借助上肢支撑，双腿向内夹紧，保持大约 10 秒：在放松时，需要维持脚部勾起状态并拉直至最大程度 1—2 分钟，多做 2—3 组，维持动作时需注意避免骨盆角度发生偏移。施助者常常双脚分开站在受助者的后面，用双手支撑受助者的手臂，协助他们维持稳定的姿势。

扳腿训练经常采用扶把扳腿的方式来开始训练。这种方法通常需要两个施助者的配合，受助者应牢牢握住手柄，伸展主力腿，打开髋部关节，并保持身体直立，再通过发力将腿直接提起，然后在施助者的辅助下，抬高到最大极限，并保持一段时间。在整个过程中，要特别注意不要让身体上半部分前倾，并且保持支撑腿伸直，不要使其弯曲。在踢腿训练中，通常使用下原地踢腿的手法。这需要训练者保持身体挺直，双臂平举。同时，他们需要保持一条腿站直，另一条腿则在此基础上快速向前挥动并进行上踢下压的动作。

训练中主要的环绕方式是以仰卧姿态向外旋转，训练者需使用肘部接触地面进行支撑，同时将地面上的支撑腿伸直进行辅助，并抬起向外旋转的腿进行环绕动作。在此过程中，应通过支撑腿的侧面，并确保环绕时身体保持正确的姿态。髋关节应保持松弛状态，环绕腿侧面触地后应沿地面向下蹬直膝盖，将腿部回到起始位置，同时注意环绕的幅度不能太小。纵叉旋转髋关节是一个常见的转髋训练方式，训练者需要保持上半身直立，双臂平展至身侧，进行纵向劈叉到个人的极限，维持 10 秒后反向旋转髋关节 180°，换另一条腿做劈叉，尽量保证在一条直线上完成旋转，要求动作流畅，旋转髋关节后应面向前方。短跳立劈同样是劈腿训练经常采用的方法，从站立状态起步，双手悬浮在体侧，起跳时需要控制好身体姿势，起跳后腿向上竖直，并落回成纵劈的姿态，落叉时内侧腿肌应当收紧，双手支撑在地面上以减少冲击，要特别注意起跳劈腿不要过早，落叉时髋关节要正面向下。

（3）竞技健美操中的踝关节柔韧素质训练

在竞技健美操中，足踝和足背的柔韧度是体现运动员技术水平的一个重要细节。跪坐式负重训练和平坐式负重训练是锻炼足踝柔韧度的常见方式。跪坐式负重训练需训练者跪于地面或垫子上，臀部坐于脚跟上，以双手支撑身体，使膝盖和大腿离地，将体重放在足背及足踝区域，借助体重，以足背和足踝为轴心，保持10—20秒，注意避免足踝弯曲。平坐式负重训练是训练者双腿伸直，平躺式坐于地面，上身挺直，将足踝和足背向下压，借助重物压在足背和足踝上，保持10—20秒，注意根据自身脚部承重能力调整重物的重量，以防足踝受伤。

（4）竞技健美操中的躯干柔韧素质训练

在竞技健美操比赛中，地面体前屈练习和站立体前屈拉伸是主要的核心训练方法。日常训练中，常采用地面并腿体前屈拉伸方法，训练者需要坐在地上，双腿铺直，接着握住两边的脚踝，一边抬高头部同时挺直胸部以伸展身体，一边努力让腹部与大腿保持最大接触，要注意，进行练习时切莫弯曲膝盖或者弯腰驼背。如果有伙伴辅助，辅助者应该站在训练者背后，向前推力，以便让训练者的腹部倚紧大腿。同样地，站立并腿体前屈也是站立体前屈拉伸的一般训练方法，训练者要保持站姿，上身向前倾斜，努力让腹部触到腿部，双手则握住后面的脚踝，保持10秒甚至更长的时间，同样要注意，做这个动作的时候不可以弯腿或者驼背。

在柔韧素质方面，竞技健美操有着极其严格的要求，柔韧素质训练是竞技健美操训练不可或缺的一环。通过严格的标准进行有计划的柔韧素质训练，使用科学的训练手法和方法保持和提升训练者的柔韧素质，同时提高全套动作的完成质量。

在体操训练过程中，需要对柔韧素质的特性和训练方式有深入全面的理解，并结合个人能力和身体状况制订科学且合理的柔韧素质训练策略和目标，以提升个人的柔韧素质。作为教练，在设计并实施柔韧素质训练教学的过程中应以学生为中心，制订合适、高效、易于理解的柔韧素质训练教学计划，有效地提升学生的柔韧素质。

当进行柔韧性训练时，不应急躁冒进，一味地追求快速提升自己的柔韧素质，这容易使自己受伤。应该按部就班、坚持不懈、稳扎稳打，依据自己的实际情况逐步加大训练强度。每个学生的身体条件各不相同，不能用同一训练方式要求和训练所有人，需要根据各自的身体状况制订各种不同的训练方法。

当进行柔韧素质训练时，需要着重对身体的各个部位进行全面的柔韧素质锻炼，而非只关注某一部位的训练。只有当所有部位的柔韧素质都得到提升，整体的训练质量才会提高。

第五节　灵敏素质训练的理论与方法

一、灵敏素质概述

（一）灵敏素质的定义及分类

人在进行运动时，如果各种环境变量突然发生变动，他们需要能够迅速、精准和敏捷地调整身体的运动路径或动作以应对这些变化，这种快速应变的能力便是灵敏素质。灵敏素质是人体在神经控制下的综合体能展现。

灵敏素质可被分为一般灵敏素质和专项灵敏素质。一般灵敏素质是指在各种繁复动作中呈现的适应环境变化的能力。专项灵敏素质是指与特定技术紧密联系的适应环境变动的能力。一般灵敏素质为专项灵敏素质打下基础，基于一般灵敏素质并结合专项体育活动的技术策略进行锻炼，便能提高专项体育活动所需的专项灵敏素质。

（二）灵敏素质训练的影响因素和基本要求

1.灵敏素质训练的影响因素

灵敏素质训练的影响因素主要包括：人的神经系统预知、判断和平衡能力、运动技能训练水平、全面身体素质与协调能力，人的体型以及感官是否适应该项运动，人的情绪状态和疲惫程度以及他们的年龄和性别等。

2. 灵敏素质训练的基本要求

为了保证灵敏素质训练的效果，在对学生进行灵敏素质训练时，要遵守三点基本要求。

（1）应该将学生参与的专项运动项目融入其灵敏素质训练中，在一般灵敏素质训练的基础上，专注训练专项灵敏素质。

（2）选择适当的时间进行灵敏素质的培养是十分必要的，在大多数情况下，这一过程应在学生精神旺盛、体能充沛的时候进行。

（3）进行灵敏素质训练时，务必重视安全性，为学生提供充分的保护措施。这既可以帮助学生缓解心理压力，也可以预防训练过程中可能出现的不必要的运动伤害。

二、灵敏素质训练的方法

常用的灵敏素质训练方法主要包括以下内容。

第一，在跑步、跳跃时立即改变路线的各类奔跑、躲避、突然启动以及各种迅猛的急刹和快速旋转的训练等。

第二，做各种调整身体方位的练习。

第三，参与一系列精细规划并且变化多端的训练课程。比如，由"之字跑""躲闪跑""穿梭跑""立卧撑"四种不同的动作组合而成的练习。

第四，以不寻常的方式进行的锻炼，比如横向或反向跳跃、深跳等。

第五，在受到限制的范围内实施行动训练，比如在狭小的球类竞技区进行训练。

第六，进行调整动作快慢或节奏的训练，比如改变动作的频率或逐渐提高动作频率的次数。

第七，参与各种方向变化的追踪游戏以及对各类信号进行反应的游戏等。

三、灵敏素质训练的途径

提高灵敏素质是增强运动表现的重要方式。在这个过程中，增强力量、速度、耐力和柔韧性是灵敏素质的基础，体操、武术、滑冰、滑雪、各种球类运动等活动都是提升灵敏素质的有效途径，在特定运动复杂环境中反复练习类似的动作，也是提升专项灵敏素质的有效方法。

（一）徒手训练

单人训练项目主要包括弓箭步旋转、正反推动舞步、前后划移跳跃、弯曲身体的跳跃、悬空脚部飞行、跃起旋转、高速逆行跑步和灵活折返跑等。

双人训练主要包括躲避并触摸对方的肩膀、手触摸对方的膝盖、快速通过他人、模仿奔跑和碰触拐杖，以及巧妙地使用力量等。

（二）器械训练

1.单人训练

单人训练主要涵盖了各式的单人运球、传递球、顶起球、顺传球、托举球等多元化的个人训练，还有单杠吊摆、双杠翻转跳跃、悬挂撑地前滚、跨越鞍马、滑过栏杆、穿过山羊障碍，以及各类球类活动、技巧活动、体操活动的专项技术动作的单独训练等。

2. 双人训练

双人训练针对各种传球和拦截球的动作进行训练，包括双人争夺控球权和双杠两端支撑跳跃换位追逐等。

（三）游戏

游戏之所以能够提升灵敏素质，是因为它具备包容性、娱乐性和竞技性，这样可以吸引参与者投入大量的热情，致力于参与活动。它不仅能帮助人们集中注意力、积极思考、灵活应对多样化的活动环境，也能通过训练提升神经系统的灵活和反应能力，有效地提升身体素质和运动技术。提升灵敏素质的游戏种类繁多，主要有各类反应性游戏、追逐游戏以及团体游戏等。

四、提高灵敏素质的注意事项

（一）训练方式和工具应该呈现多样性并定期更新

提升灵敏素质和各类感知器官的功能与肌体活动能力的增强是紧密相连的。一个人在运动过程中，若能体现出精确的定向和定时能力以及准确、快速的动作转换能力，则表明离不开各种感知器官和肌体活动机构的功能强化。当一个人对特定的动作技能达到自如的程度时，就没有必要再通过这种动作来提升其灵敏素质了。因此，提升灵敏素质的训练方式应该是多元化的，需要不断进行变换。这不仅有益于人们掌握多样的运动技能，而且可以提升人体内各种感知器官的功能，使其在运动中能展现出准确的定向和定时能力，以及准确、快速的动作转换能力。

（二）必须掌握一定的专项基本动作

动作技艺的本质其实是条件反射，如果大脑皮层中构建的条件反射暂时连接的数量较多，那么即使在紧张的场合学生也能快速准确地切换动作的暂时的联系，这建立在已有的技术技能上，能够迅速产生新的反应动作应对突发事件。因此，掌握更多的基本的动作、基本技巧和战术的重要性就凸显出来，这种做法有助于提升灵敏素质。灵敏素质是体现人体综合能力的一种方式，提升灵敏素质必须从培养各项能力开始，因此在健身过程中应广泛利用培养其他体质能力的手段来提升灵敏素质，并训练操控动作的能力、反射能力、平衡能力等。

（三）抓住发展灵敏素质的最佳时期

在中枢神经系统的协调下，灵敏素质表现为各项技能的集成。少儿期的神经系统是人体发育最早、最快的系统，其反应力强，运动速度、平衡感、节奏感等具有巨大的发展空间。这为提升灵敏素质提供了有利的条件，所以我们应该利用这个阶段进行灵敏素质的训练。

（四）摆脱紧张的心理

当进行灵敏素质训练时，教师需要运用各种有效的技术和策略，以解决学生的焦虑和恐慌。因为当一个人在精神上感到压力时，他的肌肉和其他运动器官也会紧绷，导致其反应速度减慢，并降低了动作的协调性，从而影响训练的成果。

（五）合理安排训练时间

在训练过程中，对灵敏素质的训练需要正确地分配时间，以保证其系统性。避免过度训练和过度重复，因为这会使运动员感到疲劳，力量减退、速度变慢、节奏被打乱和平衡能力减弱，这些都会对灵敏素质的提升产生不良影响。具有丰富经验的教师会根据不同训练阶段的特性来规划灵敏素质的训练。比如当比赛临近时，技能训练的比例会增加，应相对增加对协调能力的训练。在准备阶段，主要的训练应该是通用的灵敏速度训练，而在比赛阶段，主要的训练应该是对灵敏素质的专项训练。在一堂体能训练课中，应在课程前半部分安排灵敏素质的训练，让学生在精力充足、情绪高涨、对运动有强烈欲望的状态下进行训练。

（六）有充足的间歇时间

在进行灵敏素质训练时，应给予充裕的间歇时间以确保氧的还原和肌肉中 ATP 能量元素的生成。然而，过长的间歇期可能会导致中枢神经系统的活跃度大幅降低，减少对运动器官的控制力，影响动作协调、减缓速度和产生迟钝的反应，从而影响训练的效果。通常而言，训练时长与间歇时长的比例可维持在 1：3。

第二章 高校体能训练的科学理论基础与保障

第一节 体能训练的生理学基础

一、体能训练的生理本质

所有生物机体的基本属性都是"刺激—反应—适应"，随着体内体外环境的变化，生物机体或细胞结构的代谢更新以及其外在表现都会因此产生变化，这便是生物体或所有活动组织对刺激反应能力的具体体现。如果生物体在某种特定环境中长期生活，经过渐进的过程，它可以形成一种应对环境的反应模式，这种模式通过改变其形状、结构和功能来适应持续施加的各种刺激，以便更好地适应环境变化。所有生物体的发展都是由反复的"刺激—反应—适应"循环所驱动的，人体功能在这样的循环中得到一定程度的提高，从而进一步强化其体能。

（一）运动负荷的本质

体育锻炼对人体产生的训练压力就是运动负荷。此种压力会激发人体反应，主要涵盖生理及心理两大领域。我们通常谈论的运动负荷，多数是指生理负荷，即生理层面的训练压力。运动负荷以其强大的压力影响我们，有关运动的所有器官系统的功能状态也将随之发生不同程度的变化。因此，我们通常使用一些生物学或生化学标准来评估生理负荷的大小。运动负荷可以从外部或内部表现出来，运动负荷的外在表现为数量和强度，内在表现为心率、血压、血乳酸等生理功能的变化。这表明刺激的大小与运动负荷的情况是成正比的，也就是说，运动负荷大，刺激的程度就会增加，人体反应也更为强烈，各类生理指标的变化也会更显著；反之亦然。

当人体被运动压力刺激时，人体所有器官系统会出现一连串的反应。这些反应主要特点包括耐受、疲劳、恢复、超量恢复和衰退五个阶段的功能变化。

1. 耐受阶段

身体机能的变化和反应的首个阶段就是耐受阶段。学生在参加体能训练时，身体机能对运动负荷刺激总表现出一定的耐受能力。但是某些因素会对耐力的强度和持久性产生影响，其中运动的载量和训练程度构成了重要的影响要素。基于这个阶段的主要特点和表现，我们应将主要的体能训练课程安排在耐受阶段，以便学生可以顺利地完成训练。每个人对运动负荷的承受力都有很大的差距，这是各种变因影响所致，包括训练负荷的数量和强度、训练后身体机能的恢复水平以及学生的身体健康状况等。

2. 疲劳阶段

身体机能的变化和反应的第二阶段被称为疲劳阶段。经历一定时长的体能运动后，通常会出现疲劳表现，比如体力和工作能力会逐渐

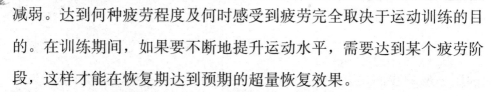

减弱。达到何种疲劳程度及何时感受到疲劳完全取决于运动训练的目的。在训练期间，如果要不断地提升运动水平，需要达到某个疲劳阶段，这样才能在恢复期达到预期的超量恢复效果。

3. 恢复阶段

恢复阶段是身体机能和反应的第三个阶段。在此阶段，参与运动的人结束身体活动后，体内开始补充和修复在训练中消耗的资源，整顿内部的生理环境，并将各个器官系统的功能恢复至运动前的状态，以实现身体结构与功能的重建。恢复过程中，体内的疲劳程度极大地影响了恢复所需时间的长短。具体而言，若身体疲劳程度相对较低的话，则所需要的恢复时间会相对缩短；反之，若身体疲劳程度相对较高，则所需要的恢复时间会相对延长。

4. 超量恢复阶段

超量恢复是身体机能的变化与反应的第四个阶段。运动后消耗的能量和降低的机能不仅能恢复至运动前的状态，甚至能提升到更高的层次，这就是所谓的超量恢复。在一定条件下，运动负荷和强度越大，运动带来的疲劳就越严重，因此运动结束后，超量恢复的程度也就相对更为明显。

5. 衰退阶段

最后阶段的身体机能的变化和反应是衰退阶段。如果不立即在已有的超量恢复的基础上继续进行新的刺激，那么已获得的训练效果在持续一段时间后就会逐步减少，身体机能也会降低至原来的水平，这种现象即为身体对运动负荷刺激的适应性衰退。这是所有人都要面临的挑战，也是一些人的训练水平持续提高，另一些人的训练水平却逐渐降低的一个主要因素。若想要长期保持训练的效果，就必须在上一轮训练出现超量恢复的情况下，立即安排下一场训练。保持这种循环，才能够逐步提高运动的水平。

（二）身体对运动负荷的应对以及训练结果

1. 对运动负荷的适应性

生物体的核心特质在于其具有应激性和适应性。生物体不只是对刺激有反应能力，更重要的是其适应的能力，这种特质同样存在于人体对运动压力刺激的应对中。持久且规律的运动训练会引发生物体各组织系统在形态、构造、生物学功能以及生物化学等方面做出一连串的适应性转变。比如，系统性力量训练带来的肌肉显著增加、肌肉纤维加粗和肌力提升，或者耐力训练带来的"运动性心室扩大"等，既是生物体对持久运动压力刺激的良好适应，也充分展示了对运动负荷的适应性。

2. 训练效果

体能训练的核心理念是通过连续的身体锻炼为全身各器官系统提供一系列的生理压力，以促使身体在形态构成、生理机能和生物化学等领域产生一系列正向的适应性改变，进而提升运动性能，这种积极的适应性改变即是训练效果。具体来说，这就是"刺激—反应—适应"规律的实际效果和完全体现。

在训练的恢复阶段，消耗的能量和其他如酶的成分不仅能恢复正常，甚至还能超过正常标准；受到运动损害的肌纤维不仅能修复，还能变得更加厚实，并带来更大的收缩力。因此，在恢复期间，体格的优化和能力的提升是互补的，其中前者我们称为"结构的重塑"，后者则是"功能的重塑"。这个连续循环的"刺激—反应—适应"的过程，就是长期训练的关键。换句话说，就是我们的体格和能力经历重复的打破和重建的循环过程，这是身体从不适应到适应运动负荷刺激的转变。这个一再发生、反复进行的过程，可以推进我们运动能力和身体素质的提高，因此，大家需要对这一过程的科学性和合理性有充分的认识，以得到最好的训练效果。

3. 运动负荷阈

体育课或训练课中所需的理想生理负荷的最低和最高限度即为运动负荷阈。构建这个阈值主要由四个要素决定，即训练强度、持续时间、练习频率和总量。这四个要素之间互为关联并互相影响，当其他因素不发生变化时，任何一个要素的改变都会对训练给予人体的生理负荷带来影响。

在训练过程中，机体经历的生理负荷提供了有益的刺激，是引发各种身体系统进行适应性改变的关键元素。刺激强度是引导机体反应和适应程度的决定性因素。太少的运动负荷，对身体的刺激过小，使之难以产生适应性反应，对提升身体素质的贡献微乎其微。太大的运动负荷，则会超出身体的承受能力，或者缺乏充足的恢复时，也会对机体的适应力产生负面影响。这对运动员的身心健康、体质和运动表现都会产生负面效应，极端情况下可能会出现过度训练或过度疲劳等病理性状况，这被认为是一个不良的适应反应。这主要是由于机体在面对不恰当的刺激时也会发生适应性反应，但这种适应的结果通常不符合我们的期望。因此，只有在生理限度内的合适刺激，才能推动机体的适应过程，促使机体形态、结构和生理功能产生预期的适应性变化，即健康的机体适应，并非运动强度越大，取得的训练效果就越好。

在进行体能提升训练时，一些生理或生化指标可以用来衡量身体所承受的生理压力的程度。比如心率、血液中乳酸的浓度、最大氧耗量的变化等都能有效地展示生理压力的程度。其中，心率是最主要的反应指标。在体能训练过程中，心率起着至关重要的作用，它是测量运动强度最直观、最有效的生理指标。在体能训练时，通过应用"心搏峰"和"最佳心率区间"理论，学生能够将运动负荷控制在最合适的生理负荷区间内，促使身体产生最好的反应和适应，进而实现理想的体能训练效果。

二、体能训练的生理学原理

在体能训练中，有许多生理学原理起着关键作用，以下介绍生物学效应、身体全面发展、适宜负荷、区别对待和技能掌握可逆性原理。

（一）生物学效应原理

从生物学的角度解释，体能训练的原理就是通过训练时的运动负荷（强度、频率、时间）的刺激作用，让训练者的身体发生一系列生理、形态结构和心理调节能力的改变，以便更好地适应各种环境变化，最终形成活力四射、健康强壮、意志坚定的人格特性。

体能训练可以被视为一个生物适应性的动态过程，其中的动态平衡被称为体能训练的生物适应过程。这个适应过程在实际中表现为：当人开始体能训练或接触新的运动负荷时，身体可能会出现生物反应和不适应的症状。然而，经过一段时间的训练，身体的不适感将会消失，各部位和系统的功能会大大提高，使原本需要极大努力才能完成

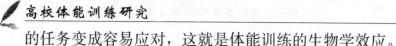

的任务变成容易应对，这就是体能训练的生物学效应。

（二）身体全面发展原理

身体全面发展原理是指在运动过程中进行多种类型的训练。通过使用各种策略和方法，对身体各部位、器官以及系统的功能进行全面的提升，改善体质、提升运动技能以及心理素质，从而达到身体全面发展的目的。

人体是一个高度复杂且成熟的生物体系，每个部位和系统虽然功能各异，但却彼此联系、影响。任何一个部位或系统功能的强化或削弱，都会影响其他方面的功能。体育运动无疑是一种有效的方式，能推动身体的健康成长和各个部位、系统功能的提升。然而，各种运动类型和训练方式对身体的作用和效果是有所差异的。比如短跑训练能够显著增强腿部的爆发力，但在上肢力量以及心肺功能的增强上效果不太显著，长距离耐力训练可以有效提升有氧能力，但力量的增进不够明显。因此，体能训练应该涵盖全面的内容、多样的方法和各种手段，让身体的每个部位和系统都承受适度的运动负荷，实现身体的全面发展和提升。

（三）适宜负荷原理

在体能训练中，一旦训练者基本适应了一定的运动负荷，必须及时并适当地增加身体活动的负荷使之超过原来的水平，这样才能保证继续获取理想的训练效果。这就是我们通常所说的适宜负荷原理，也叫作"超负荷原理"，而这个超出原负荷的新负荷，就是我们所说的超负荷。

强度定律和超量恢复法则是超负荷理论的生理学基础。当刺激强度在生理极限内增加，身体反应会更为剧烈，从而更快地做出适应。在体能训练中运用"超负荷"的方法，就是施加比平常生活中体力负荷还要大的适当负荷。这种在生理适应范围内相对较大的负荷，有助于引发良好的生理适应。超量恢复理论阐明，肌肉活跃度在生理限度内提高，消耗就会加快，随之而来的超量恢复过程也会更为突出。基于这个过程，全身器官和系统的结构、功能改善，身体素质的提升也会更为明显。体能训练中的负荷应以阶段性、逐步、间断方式增加，因为身体需要应对和适应每一次新的负荷，有一个恢复过程，应等待身体基本适应当前负荷后，再进一步增加负荷。

（四）区别对待原理

区别对待原理是指在体能训练中，需要根据每个训练者的个体差异和独特性，合理地选择训练的项目、方法和策略，科学地安排运动负荷，实行个别化处理，从而达到理想的训练效果。

从生物医学的角度看，体能训练的强度实际上就是训练的刺激。感受到这一刺激后，人体会产生一系列的生理变化，比如心率加快、血压升高、氧气需求增加等。值得一提的是，相同的运动强度可能会在不同的人身上引发不同程度的生理反应，从而影响训练效果。因此，在进行体能训练时，需要特别考虑年龄、性别、体质和健康状况等变量，并根据这些变量制订合适的锻炼内容、方式和方法。需要根据每个人的具体情况调整运动强度，以便使他们的生理应激处于适宜的范围，确保体能训练的有效性和安全性。

（五）技能掌握可逆性原理

体能训练助力各个器官、系统和功能以及人体的活动技能取得提升和强化，一旦训练停止，这些提升与强化就会逐渐减少。这便是所谓的"可逆性"原理，其生物学基础源于"用则进，废则退"的法则和条件反射规律。研究发现，进行十周的肌肉力量训练会让肌肉力量明显上升，但如果训练就此中断，那么三十周后，力量的提升将会彻底消失。在实际运动中，一些已经掌握了的运动技巧，若长时间不练习，就会逐步变得不熟练，最后甚至无法完成，这就是条件反射的减退。为避免训练效果的消失，应该注意制订适当的训练计划，确保训练的规律性和持久性，让身体的生理功能和运动技能得以持续强化和提升。

三、体能训练的生理学适应特征

坚持并系统地进行身体锻炼能有效地改变人体各个器官系统的形态、组织和性能，从而创造出独特的身体形态和功能属性，这是身体对运动负荷刺激产生的良性适应反应，也被称为训练效果。通过合适的方法解析并评定训练效果，可以为身体训练的科学化过程提供必需的参考和帮助。系统训练的生理学适应特征，主要从两个角度进行考察：静息状态下的生理适应特征、运动和恢复阶段的生理适应特征。

（一）静息状态下的生理适应特征

由于持久的运动负荷的激发，所有与运动关联密切的器官系统，诸如运动系统、血液循环系统、呼吸系统和神经系统的良好适应性被凸显出来。

1. 运动系统的特征

（1）骨骼

体能训练的一个主要效果是改变骨密度等骨骼特性。因为训练者的训练时间和强度各异，所以他们的训练程度、训练年限和运动项目也会有所不同，这都会对骨密度产生影响，形成不同的特点。运动的科学性和合理性对骨骼的生长也具有显著的影响。适当的运动可以有效增加峰值骨量，减轻年龄增长带来的骨质疏松。研究表明，运动员的骨矿物质含量取决于他们的运动等级，男女健将级运动员的骨矿物质和体重的比例大多会超过其他级别的运动员。因此，提高训练水平对提升运动员的骨密度有积极意义。

例如，不同的运动类别对骨骼造成的影响各有差异，因此，骨密度的提升速度也不尽相同。科学实验结果显示，练习如投掷或摔跤等力量类体育活动的运动员，其骨密度最高，反过来，耐力类运动项目的参与者骨密度最低。这种现象的主要驱动因素是运动负荷的差异形成了对骨骼的不同影响，进一步影响了骨矿物质的合成。负荷强度和体重的比例之间存在着高度关联，力量类运动因负荷强度超过其他运动，使体重的比例达到更高的水平。同时，耐力运动也能影响人的激素水平，从而改变骨密度。

（2）骨骼肌

骨骼肌主要是通过增加肌肉的体积、释放横断面的张力和提高肌肉的力量，体现了体能训练对骨骼肌的作用。这主要是因为体能训练，特别是力量练习，对于氨基酸进入肌肉纤维的转移有正面的推动效果，可以提高肌肉组织中收缩蛋白的合成，进而让肌肉变得更大和力量增强。

经过体能锻炼，我们能够大幅提升身体的抗氧化能力。根据研究数据，坚持进行耐力训练能够增强肌肉内超氧化物歧化酶（SOD）和谷胱甘肽过氧化物酶（GPX）的活性。同时，肌肉的抗氧化酶活性的上升也被认为是骨骼肌适应运动的关键生物标志之一。

除了这些，对于肌肉组织的抗氧化效应产生运动适应性影响的因素还包括运动负荷、训练状态以及抗氧化剂的添加等。依据相关实验性研究显示，较大的运动负荷、良好的训练状态和抗氧化剂的外源性添加都会对体内抗氧化能力有重大影响。因此，若想强化体内的抗氧化效力，务必要重视这些方面的前期准备。

2. 氧运输系统特征

（1）循环机能

体能训练显著地影响了心脏的形态构造和心血管功能，这在心率减慢和心脏功能增强等方面尤为突出。优秀的耐力型运动员在静息状态下心率通常只有 40~50 次 / 分，甚至更低，这体现了重要的机能节约效应。运动型心脏增大一般以心肌肥大和心脏体积增大为主，并且与运动类型有关。耐力性和力量性项目的运动员有更高的心脏扩大概率，耐力型运动员通常以心脏容量增大为主，力量型运动员则以心肌增厚为主。

（2）呼吸机能

对于呼吸功能，经过训练和未经训练的人明显不同。通常接受过训练的人具有相对较大的呼吸力度，肺活量大，能进行深度呼吸和确保较大的肺泡通气量以及特别强大的呼吸气体交换能力，呼吸肌力的持久性较佳，连续 5 次的肺活量测试（每次间隔 30 秒）结果能持续提高或平稳保持在高水平。未经训练的人却无法获得这种良好状况。另外，人的呼吸动作控制能力通常以呼出气体的时间长短作为衡量标准，而呼气时间的长短与其训练状况相互关联，训练状况越好，呼出的时间就会相对较长。反之，如果训练状态较差，就可能导致呼出时间偏短，进行体能训练可以提升对呼吸运动的控制能力。

3.神经系统

通过系统训练，神经中枢的作用能够显现出积极的效果。优秀的短跑选手具备高度快捷和迅速反应的神经反应能力，与此同时，长跑选手的神经反应表现出极高的稳定性。此外，运动员的各感官功能也得到了增强。由此可以推断，在平静的情况下，优秀的运动员在身体形态和生理功能等各方面都显露了良好的适应性变化，这为评估训练效益提供了关键的参照和依据。经过训练的运动员不仅在静止时能表现出良好的身体功能，当进行运动时也能深度发挥身体功能，体现在生理反应的程度以及运动后的复原阶段上，都有显著的优势和特点。

神经系统在氧运输中起着极为关键的作用，所以常规的训练效果评估方法，通常以运动员在完成了一定量负荷及极限负荷运动后的身体指数作为主要的评估准则和标准。

（二）训练者在运动和恢复阶段的生理适应特征

1.训练者对定量负荷的适应特征

一个在特定的运动实验环境下，并且运动强度（通常不超过亚极限强度）和运动时间有所规定的负荷，就被称为定量负荷。

（1）心肺机能变化较小

在心肺功能的转变上，经过训练和未经训练的人之间确实存在较大的差距。未经训练的人主要依赖提高心跳和呼吸速度来增加每分钟心输出量和肺通气量。经过训练的人在完成固定负荷时，心肺功能的变化较小，心率和心输出量相对未经训练的人要低，心率的增幅也较小，而每搏输出量却增加较多，同时呼吸更深，呼吸频率也更慢。

（2）肌肉活动高度协调

对肌电图的研究结果表明，当完成相同量级的负荷时，经过训练的人的肌肉活跃性更低，主动肌、阻抗肌和协作肌具有极高的协调性，肌电幅度和累计值较低，且放电节奏清晰，动作电位主要集中在动作阶段，在安静状态下基本完全消失，这意味着中枢神经系统的活动具有极高的协调性。

2. 训练者对极限负荷的适应

在承受极端的运动负荷时，人的身体必须发挥自身的所有潜能，以确保每个器官系统的功能达到顶峰。对比未经训练的人，优秀的运动员具备更优良的生理机能和更大的潜力，因此在应对极限运动和适应极限负荷的能力上显得格外出色。

（1）氧脉搏

氧脉搏是评估心脏工作状况的重要指标。研究显示，当顶尖耐力型运动员的心率攀升至每分钟 180~190 次的极限训练状态时，他们的摄氧量可以达到最大摄氧量的 90%~100%，与此同时，氧脉搏也可以平均达到 23 毫升，是平静状态下的 6 倍。然而，随着心率的继续升高，氧脉搏会出现下降的现象。因此，我们可以看到，虽然这些优秀的运动员氧脉搏数值较高，但他们的心率并未过高，反而一直保持在适合的区间。这清楚地表明了运动训练对于提高身体氧输送系统效率的重要性以及随之而来的心脏工作效率的相对提升。

（2）最大摄氧量

最大摄氧量是全方位评估心肺功能的标准，对于没有受过训练的人在承受最大负荷运动的情况下，每分钟只能达到2~3升，对于出色的运动员而言，能够涨至每分钟5~6升。

（3）最大氧亏积累

最大氧亏积累是指剧烈运动（通常为2~3分钟）后理论需要的氧气量和实际消耗的氧气量之差，并被视为衡量机体无氧能力的重要因素。在进行各类运动训练时，须高度重视最大氧亏积累的变化，以免其对训练效果产生不利影响。

（4）最大做功量

最大做功量是衡量实验对象在负荷慢慢升高到达高峰时所能做出的功。经过训练的运动员，他们的最大做功量和做功效率都明显高于那些未经训练的人。

对比那些未经训练的人，高水平的运动员在进行极限负荷活动时展示出了较高的身体机能和运动潜能，并且他们在运动开始时身体功能的激活更为迅速，在运动结束后的身体恢复也更为迅速。

第二节　体能训练的心理学基础

一、心理的物质基础

实质上，心理活动是脑部功能的一个表现，换句话说，脑是生成所有心理活动的根源，它们都是高级脑功能的体现。同样地，心理也是对客观世界的主观响应，换言之，所有心理活动的内容都源于外部环境，是物体在大脑内的主观体验。生理心理学以及神经生理学的研究证实，动物在进化过程中形成神经结构这种物质基础后，就具有了心理功能。并且随着进化的推进，越高级的动物，其脑结构越复杂，心理活动也变得越丰富。因此，随着大脑的进化和复杂化，心理功能也在逐渐进步。

当前医学界已经掌握了利用电脑化脑电图技术测量大脑中的生物电流，以进一步比对和分析人体心理状态的变动情况。诸多研究表明，所有心理活动都与脑的某个特殊区域的活动有关。比如在思考的过程中，大脑会出现脑电波的波动。如果大脑受到损害，正常的心理活动将无法进行。临床研究观察表明，任何脑损害都会引起两个方面的改变：一是身体功能同步发生改变，二是导致关联的心理变化。比如脑的某一区域受到损伤，那么相应的心理功能也会受到影响。如果大脑的前部区域受损，可能会导致智商下降和性格转变，以致一个平和理智的人可能会变得情绪激动，无法自我控制。

所有的证据都揭示出一个真理，即大脑是心理活动的物质基础。尽管从物种的演变、个体的成长、生理科学研究以及临床观察都证明，心理活动是大脑高级功能的体现，并且所有的心理活动都在大脑中产生，但大脑并不能孤立地、凭空地产生心理活动。它必须借由外在的物质对大脑施加影响，大脑会对这些刺激做出反应，进而产生心理活动。

二、动机

动机实际上是影响一个人内心驱使或内在动力的因素。动机的作用极为关键，简单来说，它是个体满足需求的想法、期望等所引起并维持的活动，赋予这些活动明确的目标。因此，动机是人内心的一种机制，其行为则是此机制的结果。详细地说，从以下三个主要方面可以描述动机的作用：①它能激发和引导个体的行为，②它可以引导个体决定行为的方向，③它能够保持、增强或抑制、削减某种行为的影响。

（一）动机的条件与种类

1.激发动机的条件

激发动机的基本条件有两个，即内部条件和外部条件。

（1）内部条件

需求是激发动机的内部条件。个体所表达的需求，其实是基于某种事物的缺乏，导致内心不安和不适感的状态。需求在激发动机时发挥了主要作用，它生成欲望，催动行动，触发人的行为，这是其最主要的功能。

（2）环境元素

环境元素是激发动机的外部条件。也就是说，环境元素是指处在个体以外的各种刺激，主要涵盖了各类生物学和社会学的元素。它像需求一样，是构成动机的关键要素，同时对人的动机发挥着关键的影响。

2.动机的种类

一般来说，动机的种类主要可以分为两种，分别是缺乏性动机和丰富性动机。这两种动机各具特色，具体描述如下。

（1）缺乏性动机

缺乏性动机其特征是为了消除、避免匮乏与损坏，规避危险与隐患等需求。这是一种消极的动机，旨在保证生活的基本需求和稳定。

（2）丰富性动机

追求经验的乐趣，获得满意度、理解和发现新颖之处，寻求成就和创新的愿望，这就是我们所说的丰富性动机。这是一种积极的动机，旨在于寻求刺激感，如果能满足这一追求，那么这种动机往往会增强。

（二）动机的培养与激发

对于运动员来说，训练动机对其训练积极性起着至关重要的作用。因此，培养训练动机并注重其方法是运动员能够积极、自发地参与体育训练的关键因素。有效地激发和增强训练动机的方法主要包括：设立正确的目标，明确调整动机的强度和方向；满足人们的各种需求，激发对运动训练的动机；正确利用奖赏制度，培育运动员积极的训练动机；根据不同的情况，有针对性地激发和增强训练动机。

三、心理健康

（一）情绪

人的情感是由自己对与需求相匹配的客观事情所引发的体验，而情绪则是情感体验的明确表现。心理学的研究证实，情绪在体能训练成效的创建上扮演了极其关键的角色。

情绪的一个主要功能就是促使和影响我们的行动，甚至在我们无意识的时候也会操控我们的行为并决定行为方向。在体能训练的过程中，情绪的体验特质十分鲜明、多样且易变，这种特性也形成了情绪和动机之间独特的联系。在训练或比赛过程中，情绪激发的动机特别突出，对于成功的渴望与对于失败的恐惧，这两种运动中常见的本质动机，主要是由情绪体验和认知过程触发的。因为成功带来的幸福感和失败带来的挫败和内疚感，在人的认知系统中留下了深刻的痕迹，这会让人不知不觉地努力去寻求成功并规避失败。

（二）个性特征

人的个性特征都或多或少对人的生命活动产生一定的影响。此外，不同个性的人面对同一事件的刺激所做出的反应也不相同等。不良的个性特征和不良的行为习惯是导致身心疾病的一个重要原因，一定要注意改正，并建立良好的个性特征以及行为习惯。

四、体能训练在心理学方面的要求

体能包含的内容有很多，每项素质都有其一定的心理学基础。不

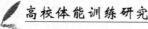

同的身体素质训练对心理方面都有各自不同的要求，具体如下。

（一）力量素质训练的心理要求

力量素质是依赖于训练者的肌肉感应与意志力的。强化力量素质往往需要高度的专注度、适度的情绪管理、明确的目标设定和坚定的信念，这都需要利用并激发全身心的潜力来达成，此过程依赖强大的意志来克服困难。因此，训练者高度专注的能力、良好的情绪管理技巧和坚强的意志力是极其重要的。此外，训练者在自我暗示、自我指令、自我管理、自我激励等方面的技巧也是不可或缺的。

（二）速度素质训练的心理要求

要想提高速度素质，关键在于尽可能地缩短自信息接收到反应动作的时间，并减少执行单一动作的时间至理想状态，同时提升动作频率至最高点。所有这些行为都深刻关联着训练者的反应时间、感知精确度和注意力等心理特质。

（三）耐力素质训练的心理要求

提升耐力的关键在于在活动中经历和战胜疲惫，这种疲倦可能来自身体内部肌肉和器官的劳累，也可能源于无聊重复的工作。因此，要想提升训练者的耐力，就必须同步加强其意志力的培养。比如，明确的心理方向、意识与注意力的控制以及自我激励等心理素质是尤其重要的。

（四）柔韧素质训练的心理要求

只有通过持久且严格的训练，才有可能促进柔韧素质的提高并使之趋于稳定。虽然锻炼过程中经常感到疼痛，但是务必要坚持下去，否则建立的柔韧素质就会很快消失。因此，发展柔韧素质需要坚韧不拔的毅力和耐心，只有目标清晰、毅力坚定的人，才能通过长期的努力，取得有效的锻炼成果。

（五）灵敏素质训练的心理要求

灵敏素质的表现与完成专项运动紧密相连。影响灵敏素质的心理因素主要包括应对对象的准确度、观察力、动作的表象和动作记忆力的优劣。此外，增强变通能力、协调性和适应性也能有效提升灵敏素质。

第三节 体能训练的运动学基础

一、肌肉运动学

（一）肌肉的基本结构

肌肉在人体动作系统中扮演着重要的角色，它是身体运动的关键力量推动者。从实质上讲，一块完整的肌肉是由一群呈细长状的肌肉细胞组成的，这些肌细胞也被称为"肌纤维"，它们是肌肉的基本建筑模块。每个肌纤维皆被一层由结缔组织构成的非常薄的膜所覆裹，这就是所谓的"肌内膜"。大量肌纤维集结在一起，形成肌束，而每个肌束的表层又被肌束膜包裹着。众多的肌束汇聚起来，就形成了我们眼见的肌肉，而肌肉的外侧也覆盖有结缔组织膜，即肌外膜。在肌肉的构造中，大概三分之一是水分，剩下四分之一由能量物质、蛋白质、酶等固态物质构成。另外，肌肉内含有大量的毛细血管和神经纤维，它们负责为肌肉提供所需的氧和营养，确保神经的平衡运行。

骨骼肌是固定在骨骼上的肌肉，它是各种肌肉类型中的一员。在身体的肌肉组织结构中，骨骼肌数量最多，覆盖范围也最广，是运动系统的主要组成部分。人体中大约有400块不同尺寸的骨骼肌，占人体总重量的36%—40%，而在成年男性身上，骨骼肌一般约占40%，成年女性体内则约为35%。

骨骼肌在神经系统的控制下可以缩短以便驱动骨架，保持身体的特定姿态，或实现身体局部的活动，从而推动整个生物体完成所需的各类动作。

骨骼肌的结构可用一个器官来形容。它由位于中心的肌肉组织以及无法收缩的肌腱组成，这些肌腱直接与骨骼相连。骨骼肌收缩时，通过肌腱的拉动会引起运动，肌腱由紧密排列的胶原纤维组成，它们在肌腱内部穿插形成像麻花那样的纤维。肌腱一边与肌内膜、肌束膜和肌外膜相连，另一边则紧密结合着骨膜。肌腱虽然不能收缩，但它可以承受大的拉力，其抗拉强度远超过了肌肉主体部分。

（二）肌肉的类型

肌肉收缩使关节运动，就是所谓的肌肉工作。如果肌肉做功，则会使人体进行某种活动或是保持某种静止的动作，一旦肌肉做功则会根据运动量的大小消耗相应的能量；即使肌肉不做功，也会消耗较低的能量。所以，人体肌肉的活动越是频繁，新陈代谢也会越旺盛。

通常来说，完成一个动作需要多块肌肉的共同努力，比如在健身活动中，极少有只需单一块肌肉就能达成的动作，哪怕该动作非常简单。需要数块或数组肌肉协同操作，才能创造出多样化的运动或维持人体的姿势。

我们可以依据肌肉在执行任务时的各种特异性状况，将其分为原动肌、对抗肌、固定肌与中和肌四类。每一类型的肌肉都具备其自身的性状与功能。

1.原动肌

原动肌是指直接参与动作执行的肌肉群。主动肌则是在动作过程中发挥主要作用的原动肌，像"弯举"运动中的肱肌和肱二头肌。有些原动肌在特定动作阶段中的收缩对动作完成有辅助作用，被统称为副动肌或次动肌，比如"弯举"运动中的肱桡肌和旋前圆肌。进行哑铃弯举动作时，肱肌、肱二头肌、肱桡肌以及旋前圆肌等为"弯举"（肘关节屈）动作的原动肌。

2. 固定肌

固定肌是源自原动肌起源部位的骨架肌肉。其主要职能是引导主动肌的牵引力朝向其固定点，从而确保肌肉牵引力的流向始终保持稳定。固定肌活动时有两种不同的情境：一种是两组相对作用的肌肉同时发挥作用，确保关节的稳定静止；另一种是一组肌肉与特定外力共同作用。比如在执行"飞鸟展翅"这一动作时，大腿伸展肌、腰背肌与地心引力之间相互配合，从而维持身体及骨盆的稳固。

当致力于增强肌肉力量的训练时，我们必须将其和功能性训练一同进行，只有这样，我们的力量训练才会具备真正的实用性。这告诫我们在进行力量训练的同时，应始终保持原动肌与固定肌的平均受力，以尽可能确保两类肌肉的平衡发展。若无法做到这一点，则可能无法确保原动肌的拉力方向，也有可能影响原动肌的力量释放。

3. 对抗肌

原动肌与对抗肌组成相对的肌肉群组，在"弯举"动作时，它们的运作模式就能显而易见，比如肱二头肌的对抗肌就是肱三头肌。这种对抗性并不是永久的，反而因为关节活动方向的改变而有所调整。此外，对抗肌的职能不仅是抵抗原动肌的运动，它同时也负责配合原动肌的运作。比如当快速完成动作时，对抗肌的收缩紧张有助于缩减关节活动范围，减缓动作速度，以达到预防关节周围软组织疾病和伤害的目的。

训练对抗肌对于维持肌肉的均衡和避免运动伤害至关重要。大部分骨骼肌都是一对一对的互为对抗关系。假如一块肌肉负荷过重，而与其对应的对抗的肌肉运动不足，那么就可能导致对抗肌力量失衡，从而使该处的肌肉易于受到伤害。

4. 中和肌

针对中和肌的特性，工作模式主要分为两类。一类是两侧的原动肌有时会联合行动，但它们又能够相互抵消效果。比如斜方肌有助于肩胛骨的上回旋和内收动作，对应地，菱形肌则会推动肩胛骨向下回旋和内收。因此，在"飞鸟展翅"的运动中，当它们同时收缩时，虽然各自都是肩胛骨内收的主要驱动力，但同时又相互中和，使肩胛骨的回旋动作得以平衡。另一类是原动肌在发挥多个功能时，其他一部分肌肉也会介入，抵消原动肌的某些动作，从而提高运动精度，这些肌肉就是所谓的中和肌。比如在进行"飞鸟展翅"的动作中，肩胛提肌、菱形肌等也会一同发挥作用，以平衡斜方肌上升回旋的动作，只展现出斜方肌引导肩胛骨内收的效应。在此，肩胛提肌和菱形肌等就担任了斜方肌的中和肌角色。

（三）体能训练对肌肉的影响

体能训练会对肌肉产生一定的影响，具体来说，其影响主要表现在以下几个方面。

1. 使肌肉体积进一步增大

肌肉的体积因肌纤维的粗细与数量的增加而扩大，这种变化是由超越"正常"水平的强烈刺激引发的，而这种刺激往往源于进行了

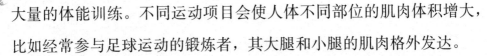

大量的体能训练。不同运动项目会使人体不同部位的肌肉体积增大，比如经常参与足球运动的锻炼者，其大腿和小腿的肌肉格外发达。

2. 减少肌肉中的脂肪含量

众所周知，体内积累了过多的脂肪一定会对锻炼者的活动产生不利的影响。那些并不酷爱体育活动的人，他们的肌肉表层以及肌肉纤维间会累积起一层脂肪。当肌肉收缩时，这些脂肪就会产生摩擦，降低了肌肉的收缩性能，从而使身体运动更加吃力。但是我们可以通过持续进行身体锻炼或积极地参与体育活动，有效地消减肌肉中的脂肪，进而提高肌肉收缩的有效性。

3. 肌肉毛细血管数量有所增多

通过运动训练，我们能够发现骨—肌系统内的毛细血管的数目和结构都有明显的改变。在进行运动训练后，肌肉纤维之间的毛细血管密度有了大幅提升。这些增加的毛细血管使骨骼肌得到了更优质的血液供应，从而极大地提高了肌肉的运动潜能，这对于肌肉进行持久的高强度运动非常有利。

4. 使肌肉内的化学成分发生一定的变化

长时间的体育锻炼可以诱导肌肉中的化学成分发生变化，比如肌糖原、肌球蛋白、肌动蛋白、肌红蛋白以及水分等物质的含量都有显著增加。

作为肌肉收缩的主要元素，肌球蛋白与肌动蛋白的浓度变动，不仅能增强肌肉的收缩力，助长了三磷酸腺苷酶的活性，也能保障肌肉充足的能量输出。当肌红蛋白的含量增加时，它与氧结合能反映出肌肉的氧存量也在增多，这样在大量消耗氧气的情况下，肌肉仍然能保持良好的工作性能，并且肌肉内液体含量增多，这对增强肌肉力量是十分有益的。

5.使参加活动的肌纤维数量有所增加

研究发现在活动时，并不是每块肌肉都会全部收缩。只有部分肌肉纤维能对神经刺激产生反应并收缩，余下的肌肉纤维会维持不收缩的状态，我们称这部分为非活跃纤维。这种肌肉纤维未收缩的情况，一方面是由于在神经操控过程中，并没用到这些肌肉，另一方面也可能因为神经冲动强度不够或频次不足。

持续的体育训练能够优化神经的控制，提升神经冲动的传输，从而使部分闲置的肌肉纤维得以活化。训练不足的肌肉仅有60%的肌肉纤维进行收缩，相比之下，训练充分的肌肉在收缩过程中，肌肉纤维的参与率可以达到90%。

6.肌肉发生延迟性疼痛

进行剧烈运动的人群往往感到肌肉酸痛，不过这并不是运动结束后会立刻感觉到的，更多的情况是在运动结束的次日或第三天才开始出现，然后持续2~3天后逐步减轻，这就是我们所说的延迟性肌肉疼痛。基本上，只要是剧烈运动后的身体骨骼肌都有延迟性肌肉疼痛的可能，这种延迟性肌肉疼痛通常会在运动结束后的24～72小时内发生，5～7天后疼痛基本消退。除了肌肉酸痛，还可能会出现肌肉僵硬的情况，轻度时会有一些压迫感，但在严重时可能会导致肌肉肿胀，甚至妨碍到日常生活行动。

二、骨骼运动学

骨骼主要是由骨组织构成，并基于结缔组织或软骨塑造出特定的骨型。通常，成人的骨骼数量是固定的，恒定为206块。

（一）骨的形状和构成

1. 骨的形状

人体骨骼的位置以及它们执行的多样化功能决定了骨骼的形状不尽相同。观察它们的形状特征，我们可以将其粗略地分为长骨、短骨、扁骨和不规则骨四种。

2. 骨的构成

骨膜、骨质、骨髓以及血管、神经一起形成了骨骼，而这个骨骼以骨质为基础，外部被骨膜包裹，里面充斥着骨髓。

（二）骨的功能

骨骼是我们运动系统的核心，对体能训练的效果产生着深远影响。然而，骨骼系统的功能并非只限于此，还包括维系身体稳定、保护内脏、制造血液以及储备微量元素等。

（三）不同运动项目对骨产生的影响

从大量的实验实践中可以发现，运动项目的不同会在一定程度上影响到骨骼的形状。比如，散打选手的腿骨通常比较粗壮且硬度非常高，这很大程度上是因为他们长期进行散打训练，腿上的骨头经常受到冲击，逐步适应这种冲击，骨骼逐渐变得坚硬和粗大；拳击选手和体操选手，这两者在手骨某些尺寸的变化上存在不同。体操选手的掌骨部分（在承受重压时）或指骨近关节部位（在单杠悬垂时）承受了负荷，而拳击选手则是掌骨的头部和指骨近关节的底部承受负荷。因此，拳击选手手部骨骺的变化更为明显，而体操选手则是手部骨干的变化更大。

训练时选手一般都处在身体状态上升或巅峰时期，在此时期人体的新陈代谢旺盛。此时进行体能训练，非常有益骨骼的生长和保持骨骼良好状态。换句话说，这一好处如实体现在让骨头表层的凸起更加突出，增加骨密度，管状骨增粗以及使骨小梁的布置更加适应力学原理。通过这种一连串的骨形态结构的优化调整，骨骼在受到抵抗压力、弯曲、折断以及扭转等各种力的影响时，其机械性能得到了提升。

另外，肌肉的拉动功能与骨骼的改变也有一定的联系。肌肉强度的提升与骨量的上升有显著的关联，而且骨量上升的部位与肌肉锻炼部位相关。随着肌肉力量的增强，肌肉收缩对骨骼产生的压力刺激能有效增强骨生成细胞的活跃性，这种活跃性对于维持骨骼的健康状态，直到进入老年期都是相当有益的，其效果有效地减缓了中老年骨质的流失。

三、关节运动学

（一）关节的基本结构

关节是两块或两块以上骨骼之间借助结缔组织、软骨或骨的一种连接结构。正因为关节的存在才使肌肉收缩时骨骼的运动成为可能。关节的健康状况很大程度上决定了人体运动的灵敏和顺畅程度。

关节的主要构成元素是关节面、关节囊和关节腔，而韧带、关节内部的软骨和关节唇等结构则有助于其功能的发挥。根据关节运动轴的数量及关节面的形态，关节可以被分类为单轴、双轴和多轴关节三

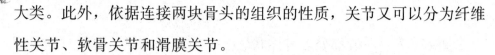

大类。此外，依据连接两块骨头的组织的性质，关节又可以分为纤维性关节、软骨关节和滑膜关节。

（二）体能训练对关节产生的影响

通过科学合理的体能训练，不仅能加强肌肉和骨骼的硬度，也能增进骨关节表面的密实度和加固骨质，这样便能让运动动作呈现出更大的流畅性。在这种情况下，一个健康的循环系统便能建立起来，从而使我们能有力承受更大的运动负荷。就像运动与骨骼构造的关系一样，体能训练的项目不同也会对关节的柔韧性有所影响。在体育运动中，一些需要频繁进行急停、急转以及突然改变方向的运动，比如乒乓球、羽毛球、篮球等项目，这些项目对运动员关节的柔韧性具有较高的要求。如果训练者认为自身在关节柔韧度方面有所欠缺，则可选择上述三类球类项目进行体能训练。

从关节的功能上来说，关节的最大用途就在于它的灵活性，但需要注意的是，这种灵活性并不是绝对的，当真正体现其灵活性的同时，还需要有相对的稳定性予以支持。因此，关节的稳定性和灵活性存在着一种矛盾。鉴于更大的肌肉力量可能会增加韧带、肌腱和关节囊的强韧性，这对于提高关节的稳定性以及抵御受伤具有巨大的益处。然而，这个过程难免会削弱关节的灵活性。因此，体育训练活动中的成员必须处理好这种存在于关节中的矛盾，所需的是在训练过程中，加强肌肉的力量，同时关注增强其伸展性，这样才能保障关节的稳定性和灵活性的协调发展。

第四节　体能训练的营养保障

一、体能训练与基础营养

人体健康与生命活动的维持最基本的依赖就是营养素，人的健康状况在很大程度上取决于所摄取的营养素，这也会在一定程度上决定人体的活动能力。下面就对人体必需的六种营养素的营养功能、来源与摄入量以及它们对体能训练的影响进行分析和阐述。以此来为大学生的体能训练提供科学的营养基础，从而保证体能训练的良好效果。

（一）体能训练与蛋白质

氧、碳、氢和氮四大元素决定了蛋白质的组成，蛋白质构成了生命的基础。人体由细胞这种基本单位组成，而蛋白质在这个过程中充当了主导角色。

蛋白质在很大程度上影响着机体的运动能力，这主要在运动能力的影响因素上得到体现。体育训练可以优化人体新陈代谢机能并增强运动能力。如果体内蛋白质成分不足，训练的效果可能会受到影响，甚至会出现一些与运动相关的疾病。另外，太多的蛋白质摄入也可能会对肌肉功能产生不良影响，甚至引发新陈代谢系统的紊乱。因此，我们应该在体育锻炼时保证适当的蛋白质摄入。一般来说，进行体育训练的人每千克体重的蛋白质摄入量应在 1.8 ～ 2 克，占总能量的

15% ～ 20%。

（二）体能训练与脂肪

碳、氢和氧是构成脂肪的基本元素，它们在人体中发挥着关键的作用，并且是构建人体的重要物质。维持身体健康离不开脂肪这一必要元素。

在氧气足够时，体能训练依赖的主要能量来源是脂肪。一般来说，有氧运动能帮助预防心血管疾病，并能够减小体内脂肪的比例，带来减肥的效果。训练水平达到某种程度也有助于提升氧化脂肪的能力，进行耐力训练可以有效激活体内脂肪代谢的酶，从而增强氧化脂肪的效果。

（三）体能训练与糖类

我们的日常食物中包含了大量的糖分，用来满足正常的生理功能需要。体能训练主要依赖糖类作为能量补给来源，糖类在运动绩效中具有很大的作用，主要涉及能量的代谢。当身体做体能训练时，对糖类的需求将激增，大约是常态需求的 20 倍。正常来说，储备更多的糖原，就可以有更强的运动性能。

在开始体育活动以前补充糖分的最佳时机是一周前或者赛前 1~4 小时，首选易被身体吸收的低聚糖。在运动中，应遵循"少量多次"的策略，大约每隔 20 分钟就要补充大约 20 克的糖分。体育活动结束后立即补充糖分，并保证在 24 小时内补充每公斤体重 9~16 克的糖分。

（四）体能训练与维生素

低分子有机化合物，就是我们通常所说的维生素，对于确保人体物质代谢的正常进行以及某些特殊的生理功能至关重要。每种维生素都具有独特的化学结构和特性，因此它们在营养效果上也各不相同。现今我们已知的维生素共有14种，大致可以分为两类，比如维生素C、维生素B等属于水溶性维生素，而维生素A、维生素D、维生素E、维生素K则为脂溶性维生素。尽管维生素的需求量不大，仅需少量即可满足身体需求，我们仍需要每天均衡摄取食物以获取足够的维生素。

体育训练者十分依赖维生素来维持其正常的生理活动。因此，他们必须适时适量地摄取维生素。主要原因在于：维生素摄入不足可能会引发这些锻炼者耐力的减退，这将极大妨碍他们的体能训练并影响预期的成效。在摄取维生素时，他们应当考虑其运动强度和技能水平等因素，以便确保维生素摄入的适量，防止过多或过少的情况发生。

（五）体能训练与矿物质

矿物质，又被人们称为"无机盐"，在构建人体组织和维持身体正常生理功能中具有重要作用。这些矿物质可以大体分为两种类型，一种是体内含量较多的，比如钙、钠、磷、镁、氯、钾、硫等主要元素；另一种是体内含量较少的，如铁、锌、碘、铜、硒、镍、钼、氟、钴、铬、锰、硅、锡、钒等微量元素。虽然微量元素在体内所占比例不大，但它们的营养作用却是不可忽视的。

在正常情况下，人的身体中的电解质能保持较稳定的水平，即便是在进行短时的剧烈运动也不会对此造成太大的扰动。可是，若在炎热的环境里进行长久的活动，人体温度就会升高，需要通过大量的汗水来控制体温，从而导致电解质大幅度流失。因此，需要对矿物质进行适量的补给以确保电解质的稳定性，防止身体生物化学功能的异常对运动能力带来不良影响。

（六）体能训练与水

水对于人类生存至关重要，同时也是构建人体最主要的成分，大概占据了成人体重的三分之二。人体的各种新陈代谢和生物化学反应都要在水的存在下进行。若水分不足，人体的正常生理功能就会受到影响。如果没有水，人类的生存也将处于极度困境。

在进行体能训练时，体温通常会升高，这时体内会产生大量的汗液来调节体温，导致大量水分的流失，严重的情况下甚至会引发脱水。因此，在进行体能训练时，需要注意适当补水。补水的先决条件是注意补水的时机，一旦出现脱水现象需要立即补充水分以便尽快恢复运动状态。再者，补水的量也需要控制在适当的范围内，尽量少量多次进行补充。

二、不同项目大学生运动员体能训练营养特点

在进行体能训练时，体育选手需要保证饮食营养的全面性和多样性，同时也要注意营养摄入的适度，以保持适宜的体重与体脂比例。在考虑这些基本因素时，还需要根据各种体育项目对力量、耐力、爆发力、协调性和反应速度等方面的具体需求进行体能训练。

（一）力量、速度项目运动员体能训练营养特点

短跑、短游、划船、冰球、举重、投掷、摔跤等诸多运动项目，通常对参赛者的力量和速度有相对较高的要求。体能训练的核心特征包括高强度、缺氧、大氧债、运动的间歇性和无氧供能等几个方面。因此，这些运动在饮食和营养方面也呈现出一些重要的特点。

对于进行力量和速度类型项目的训练的人来说，他们的蛋白质摄取应该达到每千克体重 2 克，其中的高质量蛋白质要占一半，还需要增加体内的碱性物质储备。因为肌肉对蛋白质有很大需求，特别是在训练初始阶段，所以提高蛋白质与维生素 B1 的摄取非常关键。同时，也要确保摄取充足的碳水化合物、铁、钙以及维生素 C，对于那些从事举重和摔跤的运动员，他们在减重后应注意避免脱水，并且及时补充水分，这有利于恢复心血管功能。

我们需要提升体内磷酸肌酸的储存量，以此为提升运动水平打下基础。

糖原储备在短期内不会制约我们的爆发力或速度，但如果持续削减糖原储备，那么运动能力会降低 10% ～ 15%。因此，合适的糖分摄入量是支撑高强度日常训练的重要措施。

（二）耐力项目运动员体能训练营养特点

对于马拉松、长跑、长距离自行车、长距离游泳和滑雪等耐力比赛，其训练核心在于：过程中的时间长、连贯性、肌肉力量和运动强度较低，这些都在依赖有氧代谢。因此，我们可以把运动员在体能训练的营养特点总结为以下几点。

膳食要满足运动对能量的需求，同时要注意营养的合理搭配。该类运动员对膳食的要求，首先，要使能量的消耗得到满足，因此要提供充足的能量。其次，摄入的蛋白质一定要足够，以便可以占据总能量的 12% ～ 14%，主要食物包含富含赖氨酸的牛奶、奶酪、牛肉和羊肉等。运动员摄入的食物脂肪稍高于其他群体，同时，食物中的碳水化合物应该占据总能量的 60% ～ 70%。

根据运动项目特点重点补充含糖的食物。鉴于运动员运动的时间较长，消耗能量也较多，为了提升他们的运动表现以及帮助身体恢复，建议他们每公斤体重摄入 8 ～ 10 克的糖分。

要确保及早恢复体内水分，防止脱水和电解质流失对体能产生不利影响。在长距离跑步过程中，大量出汗很易导致脱水，因此在运动前、进行中及结束后适时补水有助于保持人体内部环境稳定。运动过程中损失的电解质可以在运动结束后进行补充。同时，随着能量的增加，食物中的维生素 B 和维生素 C 的摄入量也应相应提高。

加强铁质的补充，以免造成缺铁性贫血。参与耐力运动的运动员更易罹患缺铁性贫血，因此应该提供富含铁的食物。

（三）灵活、技巧项目运动员的体能训练营养特点

诸如击剑、体操、跳水等运动都需要精湛的技术和敏捷的动作。在训练过程中，这些项目的运动员经历的神经活动异常活跃，同时还要完成许多多样化的动作，这使他们在协调性、速度和技能等方面面临不小的挑战。此外，运动员还需控制自身的体重和体脂率。由于这类运动员特殊的身体需求，他们饮食的重点在于降低能量摄入量，这类需要技巧的运动项目要求运动员具备强大的协调性，并承

受极大的精神压力。为了保证能够完成高难度的动作，他们必须保持合适的体重，故需在饮食中充分摄取蛋白质（蛋白质需占总能量的12%～15%）、维生素B1和磷。但需要强调的是，膳食中脂肪不宜过多，以使体重和体脂尽量不产生不利的影响，蛋白质的摄取应占总能量的18%，并需防止食物中脂肪含量过高。要保证维生素B的摄取达到每日4毫克的需求，每日还需要摄入140毫克的维生素C。此外，比如乒乓球和击剑等运动员在训练过程中，视力承受较大的压力，保证维生素A的充足摄入十分重要。

（四）综合性素质项目运动员体能训练营养特点

参与篮球、排球、足球和冰球等运动，对个人的身体素质具有全面的要求，涵盖了力量、速度、耐力和敏捷度等各种表现力。参与者不仅要能快速奔跑，更要保持高度的专注力和迅速的反应能力。球类运动能提升人的身体素质，包括力量、速度、耐力、敏捷性和爆发力，并能锻炼出快速做出判断的能力。至于饮食方面，应根据运动强度调整膳食，确保能量的充足供应。食物的摄入应全面而平衡，运动员的饮食应以碳水化合物为主，也要记得适时补水。

现阶段，这些运动员所遵循的营养规划：在运动开始前3～4小时摄取含糖高的食物，并在长期训练或参加比赛前，每20分钟摄取150毫升科学配比的含糖饮料。为了快速恢复肌肉糖原储量，在运动完毕后需迅速补充50克糖分，然后每隔1~2小时再次摄取，直到下一餐。为了达到充分的水分恢复，可饮用含糖电解质饮品，补充的水分量需要达到运动后体重减少的150%。

第五节　体能训练的损伤康复保障

一、运动性损伤产生的原因

（一）客观原因

环境条件对运动有重要影响，这些条件包含天气情况、运动区域等因素，它们统称为运动环境。如果训练者在恶劣天气或者不适合的运动区域进行体能训练，那么可能会增加运动伤害的风险。如果在开始运动之前没有做足够的准备，训练人员的运动器材和内脏器官可能会因为没有适应运动的需求，而遭受伤害。

（二）主观原因

1. 训练者的身体状况欠佳

训练者身体不适的主要因素有两个：其一，可能是他刚刚完成其他运动项目，导致关节稳定性降低、肌肉力量不足，如果这时再进行身体训练，注意力就会不集中，更有可能引发运动伤害；其二，可能其身体构造和形体本身在生理上有一些缺点，像平足、高弓足、脊柱过度弯曲这样的生理不正常现象都可能在运动时引发受伤。

2. 训练者的体能较差

当训练者的肌肉力量状况不理想时，易受伤的风险会增加。如果运动员的心肺耐力不足，其专注力和身体协调能力会下降，进而可能引发运动伤害。

3. 训练者的运动技术较差

体能训练者如果在进行训练前没有掌握正确的运动技术就会对运动造成一定的影响，会加大运动性损伤发生的可能性。

4. 训练者情绪低落

训练者如果在进行运动时带着一种恐惧、犹豫、畏难、消沉的情绪，那么他们的注意力不可能集中，这样就会提高运动性损伤的发生率。

5. 肌肉的收缩力减弱

在年轻的运动员中，由肌肉收缩力所引起的损害很常见，伤害过程通常是由运动员的技术动作生硬并且不合时宜、主动和被动肌肉群的收缩不协调，或者是体内大型和小型肌肉力量不匹配而导致的。最常见的伤害是撕裂（拉伤），通常影响到腹部的肌肉、肌肉和肌腱的过渡部分，以及肌腱的附着部位。

6. 长期疲劳损伤

长期疲劳损伤是运动员身体某一部位过度活动、长时间承重，或者某部位经常面临持续和反复的外力冲击，从而引发的长期累积性伤害，尤其年龄较大的运动员的伤病触发因素最为突出。长期疲劳损伤常见于人体移动关节处的腰部以及经常承受拉力、压力影响的髌骨，具有病因难以祛除、治疗过程漫长以及运动员无法暂停训练的特征。此外，长期疲劳损伤也与不合理的运动训练、新伤未完全恢复以及反复受伤具有密切关系。

二、运动性损伤的预防

（一）预防原则

预防运动性损伤需要遵循以下几个方面的原则。

1. 从思想上高度重视，增强对伤害预防的认知。

2. 合理安排运动量，科学进行实用体能训练。

3. 认真做好运动前的准备活动，对可能发生运动性损伤的环节和易伤部位及时采取措施进行预防。

4. 加强保护和帮助，尤其要提高训练者的自我保护能力。

（二）预防措施

要使运动损伤得到较好的预防，不仅要遵循预防原则，还要根据实际情况，有针对性地采取一定的措施，具体包括以下几个方面。

1. 在训练前要对自身状况进行全面的了解和认识

在开始训练之前，要做到：全面了解自己的健康情况，找出可能引发伤害的因素；进行全面的健康检查，查看是否有不适宜的运动；向相关专家咨询，了解自己在运动中可能出现的反应以及应对策略，以防止运动伤害的发生。

2. 对训练的运动环境进行一定的了解和认识

在开始训练前，应详细了解和评估运动环境，要基于地点的适用性和空间的充足程度来安排活动，还要警惕潜在的风险和其他环境因素。

3. 训练者要做好充分的运动心理准备

开始训练之前，训练者应该对要进行的运动有足够的认知，并做好充分的心理准备。这有助于运动员集中精力，增强自信。另外，训练者也需要学会如何处理压力和消极的情绪，以此来释放和缓解紧张的心情。

4. 需要做充分的预热和整理活动

在训练开始之前，预热活动是绝对必要的，这有助于肌肉和关节的活泛。同时，每次训练结束后的整理活动同样重要，该活动能使心血管系统恢复常态，并有助于排除肌肉内部的新陈代谢废物。

5. 做好保护与自我保护

为了避免运动伤害，强化防护和个人保护是关键，锻炼者应采取有效的体能训练。如果训练者的身体素质较低或肌肉力量不足，则在训练中需要加倍保护，进行复杂高难度动作时应有专业人士陪同指导。

6. 对易伤部位要重点加强相应的训练

针对易伤部位进行肌肉力量训练，是防止运动损害的一个重要策略。比如用"站桩"的方式，可以促进股四头肌和髌骨的功能提升，从而阻止髌骨劳损的发生。

三、体能训练中常见损伤的康复处理

（一）擦伤

1. 擦伤的原因与症状

擦伤就是身体表皮和粗糙物质产生摩擦，从而导致皮肤自身的表层受损。大部分情况下，擦伤都是在运动时，因为皮肤被刮擦才会引发。擦伤后的肌肤会有出血或者组织液渗透的现象，这也是主要的症状。

2.擦伤的康复处理措施

对于不严重的刮擦伤，可以在用生理盐水或其他药物清理后涂上红药水或紫药水，不必进行包扎，一般一周内应该可以复原。如果是面部的轻微刮伤，清洁后建议涂抹 0.1% 的新洁尔。面积较大的擦痕更容易受到感染，故需要用碘酒或酒精进行消毒。如果伤口里有沙石、灰尘、碎石等异物，清理时可用棉球蘸取生理盐水，消毒后撒上云南白药或者纯三七粉，最后用凡士林棉布覆盖伤口，并适当做包扎处理，若没有发生感染，大概两周后可恢复正常。而且，对于靠近关节的刮伤，在清洁和消毒后，涂抹磺胺软膏或者青霉素软膏等会比较好，否则可能会影响关节活动并且很容易再度受伤。

（二）拉伤

1.拉伤的原因与症状

拉伤是由于肌肉经受强度大的牵拉造成的微细损伤、部分破裂或者完全割断的情况。在体能训练期间，拉伤大多发生在大腿和小腿的后侧肌肉群。在拉伤后，通常会出现局部疼痛、肿大、压痛、肌肉僵硬、抽搐和功能失调。如果肌肉发生撕裂，受伤者在受伤时通常会有撕扯的感觉，随之无法控制相应的关节，可以明显摸到断裂部位的凹陷，并且在凹下部位周围可以摸到异常突出的肌肉断裂边缘。

2.拉伤的康复处理措施

当拉伤发生时，应迅速使用氯乙烷镇痛喷雾等进行冷敷，并对受伤部位加压包扎，同时需要让受伤的肢体置于能让受损肌肉得以休息的位置，以减轻疼痛。对于轻微的肌肉拉伤和肌肉痉挛，采用针灸疗法可以达到良好的效果。如果肌肉或肌腱部分或整个断裂，需要在加压包扎和固定受伤部位后，尽快送医，有必要的话，还需要接受手术治疗。通常在拉伤后的 48 小时后才可以开始接受按摩，而且需要采取柔和的按摩方式。

（三）挫伤

1. 挫伤的原因与症状

如果身体的某个部分受到了钝性外力的冲击，很可能会引起那个区域以及其深层组织的封闭性损害，这种情况通常称为挫伤。在所有身体部位中，大腿的肱四头肌、小腿的前侧骨膜、后侧小腿三头肌和腓肠肌最为容易被挫伤。而肚子、上肢以及头部的挫伤情况也比较常见。受挫伤后，主要的临床症状有疼痛、肿胀、丧失正常功能以及皮肤下的出血。

2. 挫伤的康复处理措施

当伤害发生时，应立刻进行局部的冷敷，并使用适宜的外用药。同时，应轻轻地施加压力包扎以及抬高受伤害的部位，减少血液流失和肿胀。重度撞击肱四头肌和腓肠肌可能会导致部分肌肉纤维的破损或割断，这可能在组织内造成血肿。因此，一旦发生此类伤害，应先包扎固定伤口，尽快将伤者送到医院接受治疗。此外，头部和身体的重度挫伤可能会引发休克，需要密切监控呼吸和脉搏等生命体征。对于出现休克的情况，应优先进行紧急处理，让伤者平躺下来休息，保持温暖，采取止痛止血措施。对于疼痛无法忍受的伤者，应尽快送其到医院接受进一步治疗。

（四）撕裂伤

1.撕裂伤的原因与症状

物体冲击导致的撕裂伤，会使皮肤和表皮组织呈现规则或不规则的开裂，出血和污染的程度也各不相同。比如在抢夺头球的过程中，头部间的相互碰撞可能会导致眉骨的撕裂伤。

撕裂伤可分为两种类型：开放性和闭合性。开放性撕裂伤会立即引起出血和肿胀的现象，而闭合性撕裂伤，则表现为触感下陷以及剧烈的疼痛，诸如眉骨撕裂和跟腱撕裂等，都是常见的撕裂伤类型。

2.撕裂伤的康复处理措施

轻伤人员首先用碘酒或酒精为伤口消毒，随后使用云南白药或其他手段和药物来止血，最后选择用消毒过的纱布覆盖伤口，并以适当力度进行包扎。倘若血流不能停止，应在靠近伤口的位置按照相应的程序使用止血带，并即刻送伤者去医院接受治疗。若伤口较大较深或严重污染，需立即送往医院进行清洁面部和缝合手术，同时口服或注射抗生素以防感染，并按照规定进行破伤风抗毒素注射。

（五）关节、韧带扭伤

关节、韧带扭伤包含许多具体的扭伤形式，下面就对比较常见的几种该类型扭伤的原因与症状以及康复处理措施进行详细说明。

1.指间关节扭伤

（1）指间关节扭伤的原因与症状

由于手指承受了来自侧面的强力冲击，引发了关节扭伤。受伤后，手指关节出现肿胀、疼痛并在施压时表现出疼痛，其活动也受到了限制，弯曲与伸展也不再灵活。如果发现关节有变形，肿胀明显并在触碰时感到剧痛，很可能是关节脱位，应尽快前往医院接受治疗。

（2）指间关节扭伤的康复处理措施

若是轻微受伤，可以进行冷敷或稍微施展拔伸牵引，轻轻揉搓几下，接着用药膏或绷带等固定伤指与附近的健指。三天后开始做主动的弯曲伸展活动，并涂抹舒活酒或红花油，若发生关节脱位的情况，应立刻前往医院接受治疗。

2.肩关节扭伤

（1）肩关节扭伤的原因与症状

肩部关节的扭伤一般源于使用肩部力量过度、长期疲劳损伤，或者操作失误等因素。患者的主要症状包括在肩部感觉到疼痛、压痛，如果是急性的话可能还会有肿胀的情况，若为慢性，三角肌可能会萎缩，同时肩部的运动能力也将受到限制。

（2）肩关节扭伤的康复处理措施

针对单纯的韧带扭伤病情，可以使用冷敷与加压绷带的治疗方法。在24小时过后，开始进行按摩、理疗以及针灸治疗。如果韧带出现断裂情况，必须立即送往医院进行缝合和固定手术。待肩部疼痛和肿胀状况有所减轻时，可以试行某些功能恢复训练。

3.急性腰伤

（1）急性腰伤的原因与症状

在体能训练过程中，如果身体的重心不够稳定或者肌肉的收缩不同步，都有可能会导致腰部的扭伤。大部分的腰伤是由腰部负荷过大或者脊梁在运动过程中超越了其正常的生理限度所引发的。

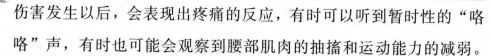

伤害发生以后，会表现出疼痛的反应，有时可以听到暂时性的"咯咯"声，有时也可能会观察到腰部肌肉的抽搐和运动能力的减弱。

（2）急性腰伤的康复处理措施

伤者先平躺并尽量减少搬动，如遭遇剧烈疼痛，应立即将其用担架送往医疗机构接受治疗。治疗过后，建议在坚硬的床铺上休息，或者在腰部背后垫一个枕头，有益于肌肉韧带的休息。同时，还可以选择针灸、外用药膏或按摩等方式进行疗愈。

4. 髌骨劳损

（1）髌骨劳损的原因与症状

髌骨充当了保持膝关节功能正常的大力士，它负责保护股骨关节面，保持关节形态稳定，并传递股四头肌的力量。导致髌骨劳损的因素主要在于，长期承受过度的压力、反复受伤的累积，或者一次性受到直接的外力冲击都可能造成髌骨劳损。

（2）髌骨劳损的康复处理措施

采用按摩、中药外敷、针灸等方法进行治疗。通常需要对膝关节肌肉进行强度训练。当病情开始改善，就可以开始逐步扩大训练的时长。

5. 膝关节侧副韧带损伤

（1）膝关节侧副韧带损伤的原因与症状

膝关节侧副韧带损伤是由在膝关节屈曲时小腿骤然外扩和旋出，或者当足跟及小腿被固定时，大腿快速内曲和转入所致。在膝部弯曲的状况下，小腿猝然地内收内转，或足部被固定不动时，大腿突然外展外旋，会造成膝外侧韧带的损伤。膝关节的半月板受损，则是由在膝部弯曲和伸直的过程中同时伴有膝部的扭转和内外翻动所引发的。

当韧带受损时，膝关节将经受疼痛和肿胀的困扰，而且伤处受压时会感到疼痛，周边肌肉也会发生痉挛，动作也会受到限制，膝关节不敢也难以张力伸展，行走时也可能会轻微瘸腿。如果发生膝侧韧带全断，可以通过触摸伤口感觉到韧带断裂的部位，这将导致功能彻底丧失。当半月板遭到伤害，膝关节内部经常会发出清脆的响声。

（2）膝关节侧副韧带损伤的康复处理措施

针对伤势较轻的伤者，要在受伤部位上敷药，同时口服消炎止痛药。等到肿痛得到一定舒缓，再采用针灸、推拿与理疗等方式进行治疗。部分韧带撕裂的伤者，一开始需要局部冷敷并使用紧压绷带，将受伤的身体部位抬高，保持膝部的稳定，口服止痛药，48 小时后可以进行推拿或理疗，或者选择外用药或口服中药。韧带完全断裂者经过确诊，须尽快实施手术修复。完成手术后，需要积极进行功能恢复训练。

6. 踝关节扭伤

（1）踝关节扭伤原因与症状

在训练起跳落地无法维持稳定时，还有可能将脚踝扭伤，特别是内翻或者外翻。若训练场地地面不平，或者没有充分热身，那就更容易发生这类伤害。另外，脚踝扭伤的主要症状是肿胀、疼痛，韧带受伤部位会显出明显的压痛，并且皮肤下可能会出现瘀血。

（2）踝关节扭伤的康复处理措施

应立刻施以冷敷，并用绷带将伤口紧紧包住，同时把伤肢抬高。过了 24 小时，依照受伤程度实行综合治疗，必要的话进行封闭治疗。扭伤较重者，可以使用石膏来固定伤处，伤势有所好转时，可以开始进行恢复功能的训练。

（六）关节脱位

1.关节脱位的原因与症状

关节脱位，又称为"脱臼"，是指关节面在外力作用下无法维持其正常的连接处，因此发生伤害。这种情况可以细化为全脱位和半脱位两种，最严重的关节脱位可能致使关节囊撕裂，甚至可能导致神经受损。在运动过程中出现的关节脱位，往往是由间接外力冲击导致的。

一旦关节出现脱位，它的形状往往会变得不规则，与健康的肢体相比，差异显著。同时受损的软组织可能触发炎症反应，使局部出现剧痛、压痛、关节肿胀等，且将失去其原有的运动功能，甚至可能出现肌肉抽搐等问题。

2.关节脱位的康复处理措施

如发生关节脱位的情况，立即应用夹板与绷带按照脱位产生的状态稳定受伤的肢体，并尽快送往医院接受治疗。

在肩部关节脱位的情况下，需要准备两块三角布，折成宽带状，一块用来吊挂前臂，另一块则是要围绕受伤的上臂，并且在肩部侧边和腋下打结。如果是肘关节脱位，应该将铁丝夹板弯成适当的角度，摆放在肘部背后，用绷带缠稳，随后使用小悬臂带以抬高前臂，或者直接使用大悬臂带进行包扎固定。若无夹板，要尽量将受伤的肢体固定在自己的躯干或者是健康的肢体上，防止震动，并且一定要尽早送往医院进行医治。

（七）骨折

1. 骨折的原因与症状

骨折分为不完全性骨折和完全性骨折，这通常是由身体部位在训练时受到直接或间接强力冲击而引发的，这类伤害通常会导致严重的损伤。

在骨折之后，伤者通常会出现肿胀、剧痛、皮下有瘀血、四肢失去正常的工作能力和肌肉抽搐等情况。有时骨折的地方可能会出现扭曲，移动时能够听到骨头摩擦的声音。倘若骨折十分严重，通常还会伴随着出血、神经的损伤、发热、口干以及休克等全身性的不适症状。

2. 骨折的康复处理措施

在骨折得到固定前，尽量不要移动受伤的肢体，否则伤情有可能会恶化，引起更大的疼痛。及时对受伤的肢体进行固定，限制骨折部分的活动。对大腿、小腿以及脊柱的骨折，务必立刻处理。倘若受伤人员有伤口或开放性骨折，应首先进行止血，常用的方法为止血带法和压迫法。伤口要用干净的湿巾或纱布进行包扎，并尽快送往医院就医。应避免将已经暴露的骨折断面放回伤口，以防感染，同时也不可随意清洁。如果出现威胁生命的情况，如休克和大出血，应立即进行休克救治和止血，给予伤者强力镇痛药物，使其躺平保暖，同时采取基本的抗休克措施，如针灸等。使用固定设备时，长宽应适宜，长度要足够长，超过骨折处两端的关节，将护板和皮肤之间用衬垫固定，先让骨折部位上下固定，再固定两个关节。固定伤肢后，需注意保暖，检查固定是否牢固。当四肢被固定后要注意检查末端是否存在麻木、发冷、疼痛、肤色发白或者发青等症状，倘若有此类情况，可能是包扎太紧，需要适当放松。

（八）脑震荡

1.脑震荡的原因与症状

当训练者的头部遭受外来冲击之后，可能会导致其产生脑震荡。其原因在于，大脑内负责稳定身体平衡的器官，比如膜半规管、椭圆囊、球囊等的功能发生了混乱，从而引起短暂的意识和功能的失常。

进行体育活动时，头部相撞或被坚硬的物体击打也可能会引起脑震荡。脑震荡一旦发生，普遍的表现有意识混沌、肌肉松弛、心跳缓慢，虽然瞳孔可能微稍扩大，但还是可以保持对称。清醒后，伤者通常会出现头痛、头晕、恶心、专注力不集中、耳鸣、汗流浃背、心跳加快以及失眠等症状。

2.脑震荡的康复处理措施

患者需平卧并在头部放置冷敷包。倘若患者出现昏迷，立即按压人中、内关和合谷等穴位；患者呼吸不畅，须立即进行人工呼吸。若经过这些处理后患者仍然出现持续性的昏迷或出血等症状，这就表明伤情严重，必须尽快送往医院进行治疗。在患者被转运的过程中，须确保患者平躺并将其头部固定住，避免摆动。脑震荡大多数情况下能自行痊愈，无须住院治疗，但是仍要注意充足的休息和必要的药物治疗，保持情绪稳定，避免高强度的脑力活动。

第三章　现代体能训练理论指导

第一节　现代体能训练的理论基础

一、神经肌肉募集理论

人体运动的实质是在神经系统支配下，肌肉牵拉骨骼克服阻力的运动。其中，神经元与肌纤维之间的控制关系能够影响到肌肉控制的精细程度，神经元控制的肌纤维的数量越少，肌肉能够控制的动作的精细程度越高。比如，眼部对肌肉控制的动作的精细程度要求非常高，眼部的每根神经元只支配一根肌纤维，而在一些对动作的精细程度要求较低的大肌肉运动中，神经元支配的肌纤维能够达到数百条。

神经肌肉募集理论认为，肌肉包含慢肌和快肌两种，这两种分类下又包含了多种更加细致的分类，而不同的肌纤维具有不同的特性，在神经系统的精细控制下，遵循"大小原则"进行募集，根据负荷的大小有先后层次地动员慢肌和快肌参加。当运动的负重较小、速度较慢时，一般只有慢肌参加，因为慢肌具有力量较小、兴奋阈值比较低的特点。当运动的负重逐渐加大、速度逐渐加快时，兴奋阈值较高、力量较大的快肌逐渐参加到收缩运动中，在需要极限负重或者极快爆发性的运动中，无论是快肌还是慢肌都需要参加到收缩运动中。

二、核心力量与功能性训练理论

（一）核心力量与功能性训练的相关概念

1. 核心与核心区域的界定

核心主要是指人体的中间区域，包括骨盆、腰椎、髋关节及其周围的相应肌肉，而骨骼肌系统除上述几个以外，还包括人体的腹部和下肢近端。核心为人体相互作用力的产生提供了保证，是人体肌肉发力、远端灵活和近端稳定的生理基础。

核心区域的说法来自解剖学，主要包括从膈肌到盆底肌之间的部位，也就是以骨盆髋关节—腰椎为轴的中心部位，包含附着在周围的肌肉、韧带、骨骼、肌腱等组织的联合体。

根据解剖发现，人体核心肌群包括 11 对大腿肌、9 对背肌、8 对骨盆肌、5 对腹肌和 1 块膈肌。这些肌肉中，有 15 块的起止点都在核心区，不仅能够起到固定核心区的作用，还能够在人运动时起到稳定、传递力量、发动力量和减力等作用。加强对这些肌肉的锻炼，增强肌肉力量，对于维持机体运动时的稳定状态具有重要作用。

2. 核心稳定性与核心力量的定义

在康复领域对核心稳定性进行定义，核心稳定性是指在日常生活中，脊椎骨、脊柱之间的主动肌和神经控制单元共同结合起来，使脊椎间的运动维持在一个较为安全的范围内。

在运动训练领域对核心稳定性进行定义，核心稳定性是指通过骨盆对躯干的姿势和运动进行控制，进而促使能量的产生、传递、控制以及身体终端的运动达到最优化的一种能力。

在康复领域对核心力量进行定义，核心力量是指腰椎周围的肌肉所需要维持功能性稳定的能力。

在运动训练领域对核心力量进行定义，核心力量是指由处于核心的某块肌肉或者肌肉群所发挥的最大力量来产生特定速度的能力。

从核心稳定性和核心力量的定义可以看出，这是两个不同的概念，而且每个概念在不同的领域的定义也有区别。

其中，核心稳定性主要强调支持身体的一般活动以及维持身体处于一个稳定的状态。在康复领域，主要被用于腰痛病人的治疗，帮助腰痛病人恢复到能够正常进行日常活动的程度，如正常步行、正常上楼梯等。在运动训练领域，主要被用于维持运动员身体状态的稳定性，并在此基础上对力量和能量的产生和传递提供最佳的支持。而核心力量主要强调的是肌肉的用力。在康复领域，主要用来恢复病人的肌肉力量，使肌肉重新具有牵拉能力。在运动训练领域，主要用来发展运动员的肌肉力量，一般主要被用在发展运动员的肌肉用力速度和肌肉的爆发力上。

3. 功能性训练分析

功能性训练最初是来自康复与物理治疗领域的定义，是指对失去基本运动功能的病患展开一系列训练，以使他们恢复日常行为能力。Gary Cook 第一个提出了功能性训练理论，他认为功能性训练其实就是寻找各种不同的运动专项之间的共性。

美国国家运动医学会认为，功能性训练是指具有特定目标的连续性动作训练。《中国教练员培训教材：动作—功能动作训练体系》提出，功能性训练是一种新的训练方法与理论体系，即通过动作模式、动作链、恢复与再生、核心力量等环节的系统优化，来提高运动员的整体运动能力。王卫星、董德龙等认为，功能性训练就是针对运动员整体运动能力的薄弱部分展开的训练，包括耐力素质训练、力量素质训练等。李丹阳在他所著的《功能性训练：释义与应用》一书中提出，功能性训练是通过自身的体重进行的训练，重点在于提高运用身体姿势掌握身体平衡的能力。

根据上述的理论对功能性训练的定义可以将其概括为：功能性训练是在生理学、生物力学、解剖学等多个学科知识和理论的支持下，设计出来的全面性、多关节、系统性动作模式训练，注重本体感觉，通过专门的动作训练，完善运动过程中运动链的通畅、高效，注重从整体上来强化机体的运动能力，维持基本的运动素质。

功能性训练与传统意义上的大负荷力量、速度、耐力训练相比，在目的、要求、内容上都有较大的差异。

（二）核心力量与功能性训练的作用

1.核心力量训练的作用

（1）增强核心部位的稳定性

增强核心部位的稳定性是进行核心力量训练的重要作用之一，其实现过程为：核心部位肌肉群稳定发力，骨盆和躯干部位的肌肉保持稳定的姿势，上下肢以稳定的核心部位为支点，协调发力。在这种稳定的状态下，力量的产生、传递和控制都能达到最佳状态。

（2）促进力量的有效传递

根据运动链的观点，人们在运动时，身体的各部位都有可能是力量传递的一个环节，起到进行力量传递的作用，而身体的核心部位具有强大的肌肉群，能够在力量传递中起到中心环节的作用，对于促进力量在运动链中的有效传递具有重要意义。

（3）支撑运动技术的提高

运动专项能力是运动员能否在专项运动比赛中取得良好成绩的关键因素，而核心力量对运动专项能力的发展起到基础性的作用，只有两者协调发展，才能保证运动员发挥出高超的运动技能。以我国跨栏运动员刘翔为例，他之所以能够发挥出高超的跨栏技术，与他突出的核心肌群力量是分不开的。

（4）有效预防运动损伤

运动打破了身体的稳定状态，在核心力量不足的情况下，会出现一种能量补偿的现象，即四肢的部分肌肉参与到维持身体稳定的工作中，这种现象很容易导致四肢的肌肉因为承担的负荷过大而产生运动损伤。核心力量训练中最常采用的训练方式为静力性的等长训练方式，其优势在于能够使肌肉承担更大的负荷，不仅不会造成运动损伤，还能够有效地发展该部位的肌肉力量。此外，在等长训练中，肌肉因为承担的负荷较大，会对血管产生显著的挤压，进而对血液的回流和氧气的运输产生阻碍影响，有助于增强肌肉无氧代谢的能力。

2. 功能性训练的作用

（1）注重矫正性训练，有效预防运动损伤

功能性训练最开始源于康复领域，具有重视矫正性训练的特点。功能性训练会从整体角度出发，对人体的肌肉、关节以及其他部位进行审视，从中找出身体的薄弱环节，并展开具有针对性的矫正训练，

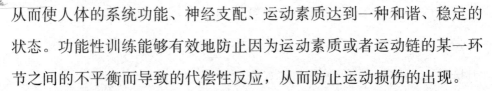

从而使人体的系统功能、神经支配、运动素质达到一种和谐、稳定的状态。功能性训练能够有效地防止因为运动素质或者运动链的某一环节之间的不平衡而导致的代偿性反应，从而防止运动损伤的出现。

（2）挖掘运动潜能，保证运动状态

运动潜能是决定运动员运动技能水平上限的主要因素之一，充分发掘运动潜能对于增强运动员的运动能力、提高运动成绩具有重要的意义。功能性训练注重通过大量不同支撑条件下的动态平衡训练，提升运动员维持平衡的能力，加强人体本体感受的敏感性和核心稳定性，协调上下肢运动，可以有效地挖掘身体潜力，以最佳状态完成各种动作。

（3）优化运动表现

运动表现是指运动员对各种技术动作的完成状况，能够直接影响比赛成绩。功能性训练注重训练神经对肌肉的精细控制，神经对肌肉控制的精细程度越高，运动员完成技术动作的准确性和稳定性就越高，关节的转动也会更灵活，关节周围的肌肉、肌腱和韧带的稳定性也会增强，从而保证运动员在激烈的比赛中具有稳定、出色的表现。

三、应激与适应理论

通常情况下，受到神经系统和内分泌系统的调节，人的体内环境总是处于相对稳定的状态，各项生命活动指标也基本上保持平衡，而运动负荷能够打破这种稳定，当身体承受较大的运动负荷时，各个系统会随之产生应激反应，进而通过调节机制调节各系统的机体活动，人体的心血管系统、呼吸系统、能量供应系统等，都会发生相应的变化，以使体内的环境和外界的变化保持相应的平衡，这个过程就是应激适应过程。

机体对运动负荷的适应具有选择性，运动负荷的强度和形式不同，身体产生的应激也会随之不同，重点发生适应的系统、部位也会存在很大的差异。一般情况下，应激适应会通过心血管系统、神经系统、肌肉与关节系统、物质与能量代谢系统、内分泌系统等表现出来，同样地，机体对负荷的选择适应性特点也会通过这些系统以及一些部位的变化表现出来。

长期的运动训练，运动员机体发生了持续性的适应变化，使身体机能系统、器官、组织甚至细胞发生结构性、功能性改变，从而更好地适应专项运动的需要。值得注意的是，运动适应是以特异性刺激为基础的变化过程。依照功能性负荷原理，蛋白质循环是主动适应的基础，细胞要维持自身的结构和稳定性，细胞质通过蛋白质合成与分解过程达到动态平衡，负荷的刺激使蛋白质循环发生变化，表现为酶的活性改变，利用氨基酸的能力增加，蛋白质结构和机能适应运动的需要，能量利用效率的提高，免疫力改善。

四、预康复与再生训练理论

运动伤病是运动员的常见困扰之一，会阻碍运动员运动能力的发展，影响运动员的运动表现，严重时甚至还会断送运动员的职业生涯。调查发现，70%的运动伤病都是由不科学、不合理的运动训练造成的，因此想要解决运动伤病的困扰，必须以运动训练为入手点，降低造成运动伤病的可能性。

预康复理论是根据运动员的体能评估结果和运动专项的特性，推算出运动员可能会发生的运动伤病，并制定有效措施，有针对性地进行预防。以网球运动员为例，他们最有可能发生的运动伤病为肱骨外上髁炎以及各种腰部、膝关节疾病，因此在对网球运动员进行运动训练时，要针对这些可能出现的运动伤病，展开各种功能性训练以及采用各种保护、放松措施以进行预防。

再生训练是指在运动开始前或者运动结束后，利用各种工具以及各种手段，对肌肉、筋膜进行唤醒或者放松，及时修复肌纤维的超微结构，促进血液、淋巴回流。以促进人体神经、肌肉系统及时恢复的方式，预防各种运动伤病的发生。

目前，运动领域对运动伤病的重视程度不断提升，预康复和再生训练已经被广泛地运用到对运动员的运动训练中，对于防止运动员发生运动伤病起到了非常积极的作用。

五、运动链理论

从解剖学的角度来看，整个人体是由一个又一个的"环节"组成的。这里的"环节"是指人身体上可以活动的每段肢体、节段或者绕关节转动的骨头，既可以是单一的骨环节，也可以是几个骨环节的组合。人体运动实际上就是各个环节在肌肉的牵拉力量之下发生的环节运动。

运动链理论认为，人体的运动链体系具有完整性的特点，也就是说，运动的各环节是作为一个整体存在的，一个环节的变化会对其他环节产生影响，使其他环节也随之变化，并最终对运动员的运动能力产生影响。比如某个环节的肌肉发生损伤，则整个运动链上的其他环节的肌肉也会受到影响，产生肌肉力量减弱等状况；人体的核心区域作为力量、能量传输的中心环节，如果产生损伤，则会导致力量、能量在传输过程中发生大量的损耗，从而降低传输的效率，影响运动表现。某个环节的神经受损，则会导致相关肌纤维力的传导、神经通路被阻断等。因此，在运动训练的过程中，必须意识到人体运动链的完整性，保证各个运动环节不受到损害。

第二节　现代体能训练的原则与方法

一、现代体能训练的原则

（一）阶段性原则

阶段性原则是指在体能训练的过程中，要以运动员的发展阶段为依据，根据运动员在该发展阶段的生长发育特点、发展与衰退的规律等，制订合理的体能训练计划。

（二）系统性原则

系统性原则是指运动员在参加体能训练的过程中，通过体能发展的内在规律对自己的训练过程做出一个科学合理的规划，并且长期不间断地进行训练。

系统性原则主要包括两个方面的具体要求：一是要对整个体能训练的过程进行系统的规划；二是要对整个体能训练不同阶段的训练内容、训练方式、训练负荷等进行统筹规划。体能训练各个阶段中对系统性原则要求最为严格的阶段为青少年时期和体能达到高水平时期。其中，青少年时期是运动员各项运动素质发展的敏感时期，这个时期遵循系统性训练的原则，根据运动员的运动素质发展状况制订训练计划，有助于充分发掘运动员的运动天赋，为运动员发展更高水平的运动技能提供运动素质基础，而当运动员成绩达到较高水平后，运动员的有机体形态、机能的改造各方面都已经得到完善，运动素质也就处于相对稳定的状态，那么这时就应该考虑进一步发展的可能性。

（三）全面性原则

全面性原则是指运动员在发展专项运动技能的基础上，也要重视各项运动素质的发展，通过体能训练促进身体形态、机能、身体素质和心理素质等运动素质全面发展，为运动技能的发展奠定基础。全面性原则主要表现在以下三个方面。

1. 包括体能在内的运动素质和机体能力是运动员发展运动技能的基础条件，运动员想要促进运动技能的提高，就必须全面、协调地发展各项运动素质以及机体机能。

2. 人体器官机能之间是相互联系、相互影响的关系，也就是说，一项器官机能水平的提高有助于促进其他器官机能的发展。不同的训练方法和训练内容，能够对身体机能的发展起到不同的促进作用，也会有一定的局限性。因此，为了促进身体机能的全面发展，一定要根据需要发展的运动机能的不同，采取科学、合理的运动方法，在发展单项运动机能的同时促进身体机能的整体发展。

3. 运动素质的发展是相互影响、相互制约的。因此，在运动训练的早期阶段，必须采取各种方式促进运动素质的全面提升。运动素质是发展运动技能的基础条件，只有拥有高水平的运动素质才能发展出高水平的运动技能。

（四）个性化原则

个性化原则是指在制订各项训练计划时，要充分考虑运动员个人的具体情况与现实的客观条件，尊重个性化特征，制订具有个性化特点的训练内容、训练时间、训练负荷等。

个性化原则是人们进行体能训练的基本原则，只有从个人实际状况出发，制订具有针对性的体能训练计划，才能充分发挥每个人的优势，最大限度地促进每个人体能素质的提升，为发展适合个人的技能、战术，提高个人运动技能奠定基础。

（五）自觉积极原则

自觉积极原则是指，对于已经设定的行为目标，训练者采取的一种主动性行为。

体能训练的过程，实际上就是训练者不断克服惰性和困难，一步步适应更高的身体和心理负荷，从而促进自身体能素质提升的过程。此过程是艰难、枯燥、漫长的，如果训练者没有坚定的信念和自觉的行为，很容易半途而废。而如果训练者能够认清自己的目标，自觉积极地朝着自己的目标前进，就能够在这个过程中体验到目标实现的成就感，获得良好的训练体验，为下一阶段的训练提供动力，从而一直将训练坚持下去。

（六）持之以恒原则

持之以恒原则是指训练者在运动训练的过程中，必须有坚定的意志，长期坚持训练，以不断提升自己的体能素质为根本目标。

体能训练是一个长期的过程，训练的成果也是长期积累而来的，只有坚持长期训练才能取得理想的训练成果。另外，体能还具有"用进废退"的特点，如果不能一直坚持训练，已有的训练成果也会不断衰退。

二、现代体能训练的方法

（一）完整训练法

完整训练法是指在体能训练的整个过程中，始终将技术动作和战术配合完整地结合在一起进行训练的一种训练方法。完整训练法的适用范围十分广泛，包括单一动作的训练、多元动作的训练、个人成套动作的训练、集体配合动作的训练等。

完整训练法的优势在于，它在训练开始时就已经将技术动作和战术配合结合在了一起，能够培养训练者将两者顺畅、协调地结合在一起的能力，从而加深训练者对技术动作与战术配合的完整结构以及各个部分之间的内在联系的认识。

（二）间歇训练法

间歇训练法是指在机体没有恢复到工作前起始水平时即进行训练的一种严格控制训练间歇时间的训练方法。间歇训练法被广泛运用在运动训练中，也是体能训练的主要方法之一。间歇训练法主要包含三种形式，分别是高强度间歇训练法、强化性间歇训练法以及发展性间歇训练法，这三种间歇训练方法根据不同的训练需求被应用在不同的训练情景中。

体能素质的提升是在运动间歇的过程中实现的，人们通过严格控制间歇时间使机体获得超量恢复，超量恢复是指机体在休息过程中恢复的水平超过运动之前的机体水平。超量恢复是体能素质提升的本质，体能素质是在一次次超量恢复的积累中不断获得提升的。

间歇训练法的优势在于，不仅能够起到增强运动员的肌肉力量的作用，还能够增强运动员各内脏器官的功能。因为在体能训练的过程中，肌肉能够在间歇中获得休息，但是呼吸系统和循环系统即使在间歇中也依旧维持着较高的工作强度。当间歇结束，继续进行下一次训练时，呼吸系统和循环系统要持续进行工作，也就是对它们提出了更高的要求，所以在合适的运动负荷范围内，能够增强各内脏器官的功能。

应该根据不同的训练任务和训练目的，制订不同的间歇训练方案。比如想要通过间歇训练法发展持久耐力，制订的间歇训练方案应该为练习强度较小、练习距离较长、练习次数较多。想要通过间歇训练法发展力量耐力，制订的间歇训练方案应该为负荷的重量较小、练习的强度在中小水平、练习的次数较多。想要通过间歇训练法发展绝对速度，制订的间歇方案应该为练习的距离较短、重复的次数较少、练习的强度较大。

（三）重复训练法

重复训练法是指保持训练负荷和动作结构不变，根据训练目的和训练任务，按照一定的要求进行反复训练，同时在多次反复训练的过程中，安排一定的间歇时间，以保证机体能够充分恢复的一种训练

方法。

重复训练法中的三个变量分别是负荷量、负荷强度和间歇时间，改变这三者中的任意一个因素都会影响训练效果。重复训练法的适用范围也非常广，不仅可以用于体能训练中，也可以被用于技术、战术训练，可以帮助训练者增强和巩固技能、战术。

（四）变换训练法

变换训练法是指在体能训练的过程中，有意识地改变运动负荷、动作组合以及训练的环境和条件进行改变，从而实现训练目标的训练方法。

（五）分解训练法

分解训练法是指在体能训练的过程中，按照一定的依据，将整个体能训练的过程合理划分成若干个阶段或者部分，然后按照体能发展的规律和顺序对这些阶段或者部分进行训练，通过各阶段或部分训练目标的实现最终促进整个体能训练目标实现的训练方法。

通常将体能训练分解成有氧训练部分、无氧训练部分，或者力量素质训练部分、耐力素质训练部分、速度素质训练部分等。然后根据不同的训练任务和训练要求，制订有针对性的训练计划，最终完成整个体能训练计划。

另外，分解训练法还可以被运用到运动技术、战术的训练中。训练者在运动训练的过程中无法一次性掌握所有的运动技术和战术，这就需要教练按照一定的依据将整个运动专项的技术和战术划分成各个比较简单基础的部分，训练者先对这些基础、单一的技术进行训练，然后再将这些动作结合在一起，进行较大难度的组合动作的练习，最终掌握整个运动专项的技术和战术。分解训练法是运动技术、战术训练的主要方法之一，具有理想的训练效果。

第三节　现代体能训练的计划与实施

一、体能训练计划概述

（一）体能训练计划的分类

根据不同的分类标准，可以将体能训练计划分成不同的类型，其中应用最为普遍的是按照体能训练的时间跨度将体能训练计划分成五种形式，即多年体能训练计划、全年体能训练计划、阶段体能训练计划、周体能训练计划和课体能训练计划。

不同类型的体能训练计划承担着不同的训练任务，其训练方法和手段、训练负荷和节奏、训练活动的组织和实施等方面都存在相应的差异，都分别为各自的训练目的服务。

（二）制订体能训练计划的依据

1. 体能训练目标

训练目标是制订体能训练计划的主要依据之一，为了完成运动员从初始状态向目标状态转移这一运动训练的基本任务，必须选择和设计最适宜的路径，也就是制订合理的训练计划。

2. 起始状态

运动员的起始状态是制订体能训练计划的现实依据，制订训练计划一方面符合运动员的实际体能状况，另一方面要促进运动员的体能在起始状态的基础上不断进步。

3.体能训练的客观依据

体能训练的客观依据包括运动训练过程的连续性和阶段性、运动员机体对运动负荷的适应性与劣变性、训练活动组织的集群性与个体性训练过程的多变性与可控性等。只有遵循体能训练的客观规律，才能制订出合理的体能训练计划，达到理想的训练效果。

4.组织和实施体能训练活动的客观条件

客观条件是制订体能训练计划必须考虑的因素之一，组织和实施体能训练活动的客观条件包括训练场地、训练器材、营养条件、恢复条件等，必须在考虑这些客观条件的基础上制订体能训练计划，否则可能会导致制订的计划无法开展或者无法达到理想的实施效果。

二、多年体能训练计划

（一）多年体能训练计划的内容

1.制订整个训练过程的训练目标、训练计划、训练内容、训练方式和比赛安排等。

2.各个年度的训练目标、训练计划、训练任务等。

3.对训练者运动技术、运动水平等的分析，对训练者的思想、意志、身体素质以及其他各项生理特点进行的分析。

4.测定和评价训练水平，制订科学的考核和评价机制。

（二）多年体能训练计划的记录

多年体能训练计划的记录以表格或者文字的方式呈现，尽量多用各种图表、数据来增加记录的简明性和准确性。记录的内容应该包括详细的训练目的、训练任务、训练步骤、训练时间、考核和评价手段等。

三、全年体能训练计划

（一）全年体能训练计划的任务

全年体能训练的任务是在总结训练者上年的训练状况的基础上提出来的，根据上年运动素质、技术、战术等方面的发展状况，结合本年度的训练目标，制订出来的训练计划。

（二）全年体能训练计划的类型

1. 单周期计划

单周期计划是指按照一个完整的大周期制订的全年训练计划，完整的大周期包含一个准备期、一个比赛期和一个过渡期。

2. 双周期计划

双周期计划是指按照两个完整的大周期安排的全年训练计划，体能双周期计划一般是由两个较短的单周期计划组合在一起形成的。体能双周期计划中，一个大周期的时间为 5 ~ 7 个月，其中包含准备期 2 ~ 3 个月，比赛期 1.5 ~ 2 个月，过渡期 0.5 ~ 1 个月。在准备期内，训练者进行一系列的体能训练，促进体能素质的全面提升或者促进体能某一部分薄弱环节的提升。在比赛期内，训练者将会参加一系列的比赛，使其竞技能力通过比赛充分表现出来。在过渡期内，训练者的训练量和训练强度会适当降低，以保证训练者能在此期间进行一定的休整，为下个阶段的训练做准备。

3. 多周期计划

体能多周期训练计划是指训练周期在 3 个以上的全年训练计划。多周期训练计划的目标为在 3 个月内有效提高训练者的竞技能力，并能够在比赛中充分表现出来。其中当训练周期的数量为 3 个时，为了保证充分显示训练者的训练成果，应该将最重要的比赛安排在第三个周期的比赛期内。

（三）全年训练计划的周期

1. 准备期

准备期包含两个阶段，即一般准备阶段和专项准备阶段。一般准备阶段是用来发展训练者的各项运动素质以及使训练者基本掌握运动专项的各项技术，而专项准备阶段一般是用来发展和提高运动专项所需的运动素质以及运动专项的各项技术、战术。准备期的整体目标是促进训练者运动素质、心理素质、运动技能等方面的发展，使训练者基本进入竞技状态。

2. 比赛期

主要任务是发展专项素质，完善专项技术，提高比赛能力，形成和保持良好的竞技状态。

3.过渡期

设置过渡期的目的是使训练者从激烈的比赛中抽离出来，进入休整状态，消除因比赛而造成的疲劳，促进机体恢复，为下一阶段的训练做准备。然而，训练者在并不可以完全休息而停止训练，为了维持运动状态、防止运动技能退化，训练者在过渡期内仍需进行训练，只是训练量和训练强度会适量降低。

准备期、比赛期、过渡期构成了一个完整的训练周期，形成了一个不可分割的整体。一个完整的训练周期必须包含这三个部分，只有经过这三个阶段的系统性训练才能取得理想的训练效果。

四、周体能训练计划

（一）周训练计划的类型

体能周训练计划共包括四种类型，分别是基本周训练、赛前诱导周训练、比赛周训练和恢复周训练，基本上包含了准备、比赛和过渡的作用。

（二）周训练计划的任务

1.基本周训练

基本周训练又可分为加量周训练和加强度周训练，这里的"量"和"强度"针对的是负荷，基本周训练的任务就是通过改变负荷量或者强度使训练者产生应激适应反应，进而促使训练者的运动素质和运动技能不断提升。

2. 赛前诱导周训练

赛前诱导周训练通常是在比赛前夕进行的，目的是使训练者的机体逐渐适应比赛的要求，保证其能在比赛时发挥出正常的水平。

3. 比赛周训练

以比赛日当天为第一天，向前推算七天，这一周就是比赛周训练。比赛周训练的目的是对训练者进行赛前的最后调整，使训练者达到最佳的状态，以适应比赛要求。

4. 恢复周训练

恢复周训练的目的是使训练者的身体和心理尽快从激烈的比赛环境中走出来，利用多种恢复手段使训练者在较短的时间内恢复到原先的水平。恢复周训练的强度一般都不大，主要作用是尽快实现训练者体内能量物质的再生。

（三）周训练计划的负荷安排

1. 基本周训练的负荷安排

基本周训练的计划安排主要包括以下三种形式。

（1）增加训练强度，训练量不变或者减少。

（2）增加训练量，训练强度不变或者降低。

（3）保持训练量和训练强度不变，通过训练负荷的不断累加对机体形成足够的刺激。

2. 赛前诱导周的负荷安排

赛前诱导周训练的重点在于增加训练强度，使训练者提前感受比赛氛围，进入比赛状态。但是注意不能同时增加训练强度和训练量，可以在原来训练的基础上适当减少训练量，如果在原本的训练量就不算大的情况下，也可以在保持训练量的同时增加训练强度。

3. 比赛周的负荷安排

比赛周的整个训练计划都是围绕竞赛进行的，训练的目的是使训练者能够在比赛时达到最佳的运动状态。比赛周训练计划的负荷强度和负荷量的组合一般是根据运动专项的特点安排的，一般情况下，比赛周的训练量和训练强度都会有所降低。

4. 恢复周的负荷安排

训练量和训练的强度都适当地降低，在平时的训练量就比较小的情况下可以保持原先的训练量。

（四）训练周计划的内容

1. 基本周训练的内容

基本周训练的内容主要是发展训练者的一般身体素质和专项运动素质、发展运动专项技术。针对前者进行训练时，一般会采用多种训练方法，进行持续的系统训练，全面提高训练者的竞技能力；针对后者进行训练时，一般采用分解和完整技术练习相结合的方法，促进训练者运动技能的不断改进。

2. 赛前诱导周训练的内容

和基本周训练的内容差别不大，但是更加呈现出专项化和比赛化的特点。在针对运动素质的训练上，一般身体训练的比例降低，专项身体训练的比例增加；在针对运动技术的训练上，完整练习的比例增加。

3. 比赛周训练的内容

比赛周训练包含两个阶段，每个阶段的训练任务不同。在比赛前

3～5天进行的一般是强度较大的专项训练，在比赛前1～3天进行的包括一般训练或者专项训练。

4.恢复周训练的内容

恢复周训练的主要内容为一般性的身体练习，训练的强度和训练量都不大，多采用更具趣味性的游戏性练习方式，目的在于消除由比赛带给训练者的身心疲劳，促进训练者机体的快速恢复。

第四章　高校实用体能训练计划设计

第一节　体能训练设计的意义和理论基础

设计体能训练是在体能训练学（和其他训练理论）的框架下，利用科学和系统的方法来研究体能训练各个阶段、各个因素之间以及总体与子能力之间的内在联系。这样，可以通过不断调整和更新体能的各个子能力，以推动体能结构的优化，使我们能更全面地理解体能训练过程并进行理论上的优化。在设计过程中，应排除体能结构中不和谐的元素，协调各个元素与子能力之间的有机结合，以体现体能训练的系统效用。因而，设计体能训练是一项系统性工程，要通过对目标现状的分析和规划，实施、控制和调整训练过程，达到训练目的，解决训练中的问题，并对训练效果进行评估。

作为一项复杂的系统性工程，竞技运动的培训过程，引领着竞技运动科学的进步，构建出理想架构、理论规划与行为要则。所谓运动负荷，指在运动训练中出于增强运动员比赛实力、提升他们的运动表现而给予的训练刺激，它是触发人体生物性适应并不断提升竞技实力的关键要素。体能训练设计很大程度上是对负荷在训练过程中的有序安排和调控，因此负荷的选择，周期、阶段的划分，训练过程的信息

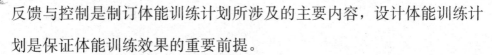

反馈与控制是制订体能训练计划所涉及的主要内容，设计体能训练计划是保证体能训练效果的重要前提。

一、体能训练设计的意义

由于国际体育比赛规则的变化、现代体育训练的科技化发展、运动项目和运动员个性的显现，加上竞技体育竞赛强度的逐渐增大并接近人类极限，对训练者体能发展水平的要求也在不断提升。体能训练设计的意义主要有以下几个方面。

（一）构建训练过程模型，勾勒出训练计划的基本结构

为体能训练的计划制订提供思想构架和理论设计。训练计划不仅包括跨度较长的全程训练计划、多年训练计划，也包括时间较短的年度、大周期计划和周计划、课计划。训练计划的制订基于时间和空间两个维度，巧妙地将复杂的训练步骤有序整合为一个既分立又连贯的整体。这样可以将各式各样的训练目标、任务、内容、方法、手段、负荷等因素与不同时间段的训练流程集合到一种直观而系统化的设计中，这为教练员在训练实践过程中提供了科学的阶段划分以及训练操作的依据。

（二）提出科学训练纲领，推进体能训练进程

确保训练者的训练计划能够有效实施的关键在于科学的方法和原理。体能训练设计是通过设想和现实两种视域，将设想与训练实践有机结合。因为科学的体能训练计划是保证训练实施的重要指导，所以其制订的精确性也是提升训练效益的必备条件。科学且精确的训练设

计可以使实际训练成果更接近预设目标，能够正确分析运动训练期间的经验和教训，同时推动运动训练的科学发展。

（三）提供明确的训练目标和监控依据

体能训练设计基于目标和目的，以此对全部训练流程进行阶段性划分，然后逐一详细划分每个训练阶段、每个训练目的和各个阶段目标，并进行整理和组合。准确地评价训练者的能力可以协助教练更好地提升训练者的运动状态，并以此为基础设计出理想的训练方案。经过测试，帮助教练确定每个体育要素与具体的运动项目的关联性，协助他们调整训练者的训练方案，并作为确认个人训练目标的参考工具。因此，设立实现最终训练目的的训练过程指定的系统是现代体能训练设计的重要内容。正是由于体能训练设计过程目标和指标系统的存在，从而为训练过程的科学监控提供了依据。

二、体能训练设计的理论基础

从根本上说，现代运动训练的周期性训练是通过调整训练的负荷以实现目标的。达成这个目标有诸多路径，每条都有特殊的优势。在制订体能训练的决策过程中，教练和训练者应依据运动类型的特点以及训练者的需求进行设计。

（一）训练过程分期理论

体能训练计划制订主要是基于周期训练理论的基础，用来组织某个项目训练者训练过程的规划和具体训练变量进行调整的过程，是一个训练实施过程前进行的理论和时间的总体架构，即所有训练因素的负荷安排与恢复周期设计。观察高水平训练者的成长历程和现代顶级运动的骄人成就可知，体育训练实质上是一个涵盖广泛内容、周期相当长久的项目工程。从时间维度来看，这个训练过程可以被分解为以课程、日训练、周训练、阶段训练、周期训练、年度训练以及跨年份训练各种时间段的训练。一般而言，依据训练者在不同阶段的特点和训练目的，整个训练过程可被分为四个阶段，即基础训练、专项提升、巅峰竞技和维持运动寿命。无疑，每个训练阶段都是由多年训练过程组成的。由于各阶段的运动专项特性和训练目的有所差异，因此各训练阶段的任务、内容、重点也各有差别。

前苏联在 20 世纪 50 年代率先引入了周期训练理论，该理论在 1964 年由马特维耶夫进一步精细化，打造成一个系统化的训练理论。这一理论随后在东欧、西欧、亚洲等地广被应用，逐渐成为制订运动训练计划的主导理论框架。当国际运动竞赛和职业体育比赛规则改变，现代体育训练科学性增强，个体化训练的需求因运动项目和运动员之间个体差异而增加以及竞技体育竞争日趋激烈，传统的周期训练理论在现代运动训练中的引导作用逐渐减弱。近年来出现了多种新的训练理念，比如注重动作的训练理论，出现了功能性力量训练理念；对于核心区的重新认识，发展了核心力量训练理论；板块理论的发展和在我国竞技体育项目中的应用实践；以赛代练，保持高强度平台训练，突出训练强度的指导思想等极大地丰富了我国训练理论体系。由此可见，正确地认识和科学地掌握竞技运动训练分期理论，是进行不同类型体能训练设计的重要依据。

（二）竞技状态形成机制

训练者适时获取理想成绩所处的最佳状态即为竞技状态。这个状态最明显的标志是训练者的实战能力和优异成绩的创造，这个实战能力是由体能、技巧、进攻防守策略、心理准备和智能等多因素组成，它们都是构成竞技状态的重要元素，也是运动训练的核心要素。竞技状态反映了竞技能力的协同发展，是比赛的实际体现。体育竞技状态会有周期性的变化，即训练者从获得竞技状态到保持再到最后的逐渐减退，这一过程就类似螺旋式的周期性循环上升。由于运动超量补偿的效果依赖于负荷和恢复的作用，如同大型比赛的运行模式依赖于比赛的进程和规则设置，训练者能力的提升和竞技状态的出现时机与训练方案的科学设计和实施具有紧密的联系。

现代竞技体育赛事的对抗性、比赛强度和技战术难度的竞争日益激烈，赛事赛程安排紧密，对训练者的训练负荷安排增加了很大的难度，教练员必须深入研究训练周期理论和训练者的负荷生理规律才能提高训练者的竞技能力表现。总的来说，只有对各类训练因素进行有效的操控，才能合理地规划训练刺激的次序，从而最大限度地发挥恢复和适应过程的作用。由此可见，正确认识和掌握竞技状态的形成机制，是进行不同类型体能训练设计的重要理论基础。

（三）各项运动的专项特点以及训练者的个人特性

各种项目所需要的体力需求是多样的，因此训练者的训练进程要针对其专项技能的适应性，最核心的运动形式就是在训练中所用的具体动作。体能锻炼需要与项目紧密结合，唯有精确融合专项的策略和战术才能更好地发挥体能的优势。为了使训练取得最好的效果，训练程序需在动作功能和新陈代谢需求方面与专项要求相一致。训练的动作和专项动作的相近程度越高，双方的适应性就越强。比如，篮球防守和过顶深蹲的动作相似，杠铃背蹲的训练可能更贴近篮球的防守动作，排球拦网的动作和前蹲动作颇为相似，因此，杠铃前蹲的练习可能更适应排球的专项动作。各类运动对身体供能系统的需求有所不同。比如，短跑主要依赖的是磷酸酯的供能系统，中长跑主要依赖糖酵解供能系统，马拉松等长距离体育项目主要依赖的是有氧供能系统，还有些项目同时对这三大系统有更高要求。因此，各项体育项目对身体供能系统的特殊需求使体能教练员在设计训练方法和选择时受到很大的影响。运动员的体能状况、项目的差异以及不同的训练时期要求训练规划须个性化，因地制宜地打造出满足各自特性的训练规划。即使是同卵双胞胎，他们在个性特点、身体功能和运动能力上的不同也很显著，更不要说团队项目中不同位置的运动员之间的区别了。为了适应现代体能训练的发展趋势，我们再也不能用一套固定的方案去对待所有队员，无论是需要康复的还是健康的。在训练实践中，教练需要严格、科学地分析每个阶段每个运动员能够承受的最高负荷和他们的变化点，以便能够及时、准确地判断负荷的合适程度、恢复状态以及训练的效果，及时作出调整，保证训练效果最优化。

第二节　运动负荷基础理论

一、负荷的概念与类别

（一）负荷的相关概念

运动训练是一个对人体实行生物改造的过程，引起改造的原因是人体受到了负荷的刺激，受到刺激的人体各系统产生应激反应，通过长时间的积累完成了生物改造过程，使人体能够适应强度较大的身体活动、激烈的比赛对抗，甚至极限运动。因此，对负荷的理解、认识和选择安排是运动训练的重要问题。

1. 负荷

负荷是指在运动、训练和比赛中，通过心理训练（行为）和身体训练（行为）来对人体施加的刺激，其中包含心理刺激和生理刺激。负荷包含负荷量、负荷强度两个方面。正是由于负荷的刺激，人体发生适应性改变，逐渐完成生物改造，人的综合竞技能力才能达到更高的水平。因此，负荷是运动训练中的核心因素，负荷量与负荷强度对人体刺激及适应的表现方式及特点不同。

（1）负荷量

负荷量是指负荷对机体刺激量的多少，是构成负荷的重要方面。由负荷量触发的身体反应并不像负荷强度那么强烈，但也更加稳定，

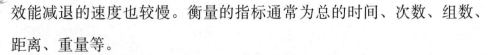

效能减退的速度也较慢。衡量的指标通常为总的时间、次数、组数、距离、重量等。

（2）负荷强度

负荷强度是指训练者在负荷下受到的身体挑战程度，作为负荷产生的核心因素。相对于负荷量，强度刺激可以引发更为强烈的身体回应，训练的适应性更高，也能较快地提升身体能力，然而其稳定性却较为不足，效果也可能会更快消退。提升训练负荷强度是现代优秀训练者训练的一个突出特点。强度的度量以密度、难度、质量、速度、重量、高度、距离等为主。

负荷量与负荷强度互相影响，彼此依存。一方面，量的积累是负荷强度的基础，是稳固提高强度和承受负荷能力的保障。青少年阶段尤其要重视负荷量的积累，不应急于提高负荷强度，只有打好量的基础，才能为后继的大强度训练奠定坚实的基础支撑。另一方面，负荷强度是负荷量的前提，从提高成绩的角度来看，没有强度的负荷量功效较低，具有一定强度的负荷量才更有生物学意义。大量的研究和实践证实，相对于负荷量，负荷强度是影响训练效果、取得良好生物改造结果更直接的因素。

2. 负荷的含义

根据训练学理论，只要在一定的范围内，施加的负荷越大，身体受到的刺激越明显，生物改变的过程就会提速，从而能提高运动技能能达到的水平。但负荷过大（包括负荷量过多、负荷强度过高），容易造成疲劳积累，不仅会引起伤病，也会引起过度训练和过度疲劳，造成难以挽回的损失，甚至断送运动生涯。因此，全面、深刻地理解运动负荷非常有必要。

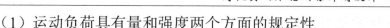

（1）运动负荷具有量和强度两个方面的规定性

如前所述，负荷量与负荷强度相互影响，彼此依存，既不存在没有强度的量，也不存在没有量的强度。二者在质量层面和数量层面的结合，组成了完整的训练刺激。在训练实践中，负荷量与负荷强度的合理搭配是取得理想训练效果的基础。

（2）负荷具有生理刺激和心理刺激两种属性

任何负荷都会对人体的各个系统造成刺激，引起相应的生理和心理刺激。负荷越大带来的心理压力越大，心理反应就越强烈。随着比赛的临近，即便没有身体活动，心理紧张甚至恐惧仍然存在，这是对即将来临的比赛一种自然的心理应激反应。

（3）负荷具有定性和定量两种体现

定性部分是指负荷的专项性，是对供能系统的作用的定向和协调性的复杂程度。定量部分是指运动量与运动强度的内部和外部的数值指标。未来对运动员实施以数字评估为基础的数字化训练是运动训练发展的方向，也是科学训练的体现。

（二）负荷的类别

1.训练负荷

训练负荷是在常规训练中，通过身体锻炼与心理活动给运动员身体造成的训练压力。这种训练负荷对于运动员来说，是他们最常用，也是最常面临的锻炼方式。长久来看，合适的训练负荷是使训练积累成效始终保持良好的关键。

2.比赛负荷

比赛负荷是指比赛和具有竞争特性的训练所带来的身体应激刺

激。在同样的负荷条件下，比赛所引起的应激反应超过了训练负荷。此种负荷会由比赛的规模、重要性、期待结果、比赛内容、对手水准、比赛紧张激烈程度及外在环境（如观众、天气等）所决定。顺利地应对比赛负荷对于提高训练者应对压力的技能，以及提升他们的比赛适应力是相当有益的。

3. 生理负荷

生理负荷是指运动训练或比赛对训练者身体生理部分的影响，涵盖心搏速度、血压指数、肌肉力量、体重状态、最高有氧摄取能力、血液里的血红蛋白、血乳酸、尿素氮、尿胆素、尿蛋白等各种参考指数。经常检查生理负荷指标，有助于了解机体变化，调控负荷，提高科学训练水平。

4. 心理负荷

心理负荷是运动训练或比赛带来的对训练者心理层面的挑战。这种负荷能帮助训练者对训练和比赛产生心理适应性，增强自我激励，抵抗外部打扰，并提升精神耐受度。每次的训练负荷都将产生心理负荷和生理负荷，两者同时存在且互相作用：生理负荷提升，心理负荷也随之增大，反之同样如此。衡量心理负荷的主要指标包括注意力的集中度、握力时间评估以及焦虑评价等。心理负荷的意义体现在以下几个方面。

（1）挖掘潜能

人体的肌肉质量及人体中的肌糖原、肝糖原等生理能量是有限的，但心理潜力无法估量。现代训练就是挖掘训练者心理潜能和生理潜能的实践活动。

（2）减少能量消耗

比赛、训练活动要运用体能，心理活动要消耗心力，产生能量消耗。良好的心理素质可以减少不必要的能量损失。

（3）提高制胜能力

良好的心理素质，有利于发挥自己的实力，并能有效地干扰对方。当实力对等时，决定胜败的关键就在于心理素质的优劣。因此，心理训练同智能、体能、技能、战术能力训练共同构成现代训练的完整体系。

5. 过度负荷

过度负荷是指训练的负荷超乎运动员的承受能力，从而引起身体的严重倒退。这可能会扰乱人体各系统的正常功能，引发像组织损伤等疾病性变化，降低已达到的训练效益，对训练的连续性和系统性造成影响。持久且严重的过度负荷可能使训练者极度疲惫、受伤，甚至可能毁掉他们的职业生涯。

6. 负荷节奏

负荷节奏是指训练过程中大、中、小负荷的交替安排，量与强度配置，训练与恢复的组合。波浪式的大、中、小负荷节奏变化是现代负荷安排的一个重要特征。负荷节奏变化对竞技状态的影响较为直接，特别是赛前负荷。通过科学且合理的比赛前负荷调节，可以最大化训练效果，从而使训练者在比赛当中展现出高超的竞技水平。

7. 累积负荷

累积负荷是指连续进行多次训练后，对训练者身体造成的负荷刺激的累积。如果每次负荷过大，身体很难适应，可能会导致伤害，适度增加负荷，可让身体的适应性改变逐渐叠加。承受负荷的能力提升

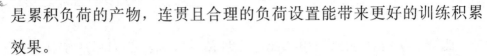

是累积负荷的产物，连贯且合理的负荷设置能带来更好的训练积累效果。

8.负荷结构

负荷结构是指不同性质、内容、目的的训练负荷在训练过程中的逻辑性搭配和组合，如一般训练与专项训练的搭配，大、中、小强度的搭配，核心力量、一般力量、专项力量多少的组合，等等。在不同的训练阶段，有序地组合、搭配不同的负荷，形成合理的负荷结构是决定训练效果的关键因素，也是值得研究和探讨的问题。

（三）负荷的整体观

1.将负荷的关键要素和目标的整体考量进去

训练者的赛场表现是全方位的，是比赛结果的基础。现行的体育训练观念认为，这种赛场表现，或者说训练者的竞技才能，是由体型、技巧、战术能力、运动智商和心理素质这些各具特色和影响力的因素集结而成的，并且在训练和专项比赛的进程中都有全面的表现。训练过程就是一个无止境地强化训练者赛场表现的各个组成环节的过程。

训练以竞赛的成功和表现出色的体育技能为终极目标，旨在比赛中尽可能表现出精湛的运动技能。训练本质上是对训练者进行有计划的、适当的负荷刺激，以促使体内产生所期待的适应性变化，即改善人体的形态与功能，这包括对结构和机能的重塑。提升训练者能力的实质是各种机能系统在适当负荷的刺激下产生反应，人体经历了为满足各类运动项目需求的生物转变过程。因此，训练基本上是为了增强神经肌肉系统的功能，提升能量供应系统的供应水平以及塑造强健的心理素质和坚强的意志力。在训练实践中不能以竞技能力构成因素的表面形式进行分类，忽视人体的整体性，忽视人的各器官、系统（神经、肌肉、循环、呼吸、内分泌、感觉）功能的统一性，造成体能、技术、战术、心智能力的割裂。

2. 从整体角度看负荷安排

训练构成一个漫长且艰辛的历程，有些项目需经过长达 10 年的训练才能参与重要赛事。训练者的训练过程，根据年龄从儿童到成年，可以划分为三个阶段。由于训练者在年龄、发育水平、技能各方面的差异，训练的内容、目标、方法和负荷必须呈现阶段性的变动。少儿阶段要打好一般能力的基础，一般训练内容约占 80%，专项训练占 20%。随着年龄的增长和水平的提高，高水平阶段大强度的专项训练增加到 80%，一般训练下降到约 20%。

然而，这三个阶段构成了一个连贯的整体过程，它们之间并无明确的划分，不可随意斩断它们内在的联系。当一个阶段的主要任务没有完成，就不应该盲目地跨入下一阶段。在训练的不同阶段，所需完成的任务和训练重点会有较多的变化。在初级训练阶段，应该特别注重提高基本能力和技巧，同时使用多种训练方式，实施少而轻的训练负荷。在高级阶段，随着总体训练负荷的提升，应增大专项训练和高强度训练的比例。研究表明，确定在各个训练阶段获得相应的运动表现，并选取适宜的训练方法和负荷，是训练者取得良好运动表现的核心条件，并且可以防止过早地开展大强度的训练。

二、选择负荷的依据

（一）专项及个人需要

竞技需要和区别对待是当代竞技体育训练的重要原则。竞技需要就是比赛需要，训练的结果能否满足实际比赛的需要是判断训练是否科学的重要标准。竞技体育项目众多，对竞技能力各构成因素的需要及依赖程度存在较大差异，突出体现在能量系统的供应能力和神经肌肉的支配能力两个方面。跳远和投掷同样是快速力量型项目，跳远需要快速助跑下向前跳的爆发力，强调助跑快、踏板快、完成起跳动作快的"三快"技术能力，对最大力量没有很高的要求。投掷项目虽然成绩取决于出手初速度，但最大力量有基础作用，在专项素质要求上，要突出速度力量，强化专项力量（轻、重器械），重视最大力量。同样是短跑，100 米主要依靠 ATP-CP 系统供能，仅能维持 10s 左右，而 200 ～ 400 米，相当大的程度上要依赖糖酵解系统供能。运动项目在对能量供应系统的需求上存在非常大的差异，在训练负荷的选择上必须有所体现。

个性化训练也是如此。训练者在年龄、性别、竞技水平、身心特点、伤病等方面存在差异，要求采取针对性的训练负荷。教练员只有准确分析出训练者的特点，根据训练者的实际情况，制订针对性的训练计划，才能使训练者体能得到充分发展。

（二）不同负荷效果的特异性

任何训练手段都有特异性和非特异性、直接作用和辅助作用的区别。负荷具有效果的特异性和方向性。不同内容和不同强度的负荷对人体的刺激及所起的作用是不同的。心率低于 150 次 / 分钟的负荷，属于中低强度，依靠有氧系统供能，往往只能起到竞技能力的保持和恢复作用，很难提高。要进一步提高竞技能力，就要在打好有氧能力的基础上，实施大强度直至极限强度的负荷。同样地，依靠力量训练手段提高心肺的有氧能力收效甚微，因为力量练习（包括力量耐力）主要对神经肌肉系统起刺激作用。提高心肺有氧功能的训练手段主要是采用持续、重复、间歇的方法，进行各种强度、各种距离跑的练习。

（三）训练阶段与分期

训练阶段与分期具有多重含义，包括训练者职业生涯的各个阶段，也包括年度计划的分期。同时，任何一个训练目的、任务都需要一个持续的阶段才能实现。训练者的训练是一个较长的过程，我国训练学理论把训练者全程训练分为基础训练、专项提高、最佳竞技、竞技保持四个阶段。每个阶段的主要任务、持续时间、训练重点及负荷特点不同，决定了体能训练所选择的负荷必须与各阶段的目的、任务相吻合。

在一年的训练安排中，根据比赛需要分为单周期、双周期和多周期等周期类型。合理的训练分期是对训练过程进行有效控制，争取在比赛中获得优异成绩的前提。在一个完整的大周期中，可以分为准备期、比赛期和过渡期。准备期又可以细分为一般准备期、专门准备期，比赛期可以根据需要分为适应性比赛、主要比赛和重要比赛阶段。这种分期不能理解为分开，训练的各个阶段都是相互依存的有机整体。通常认为，一个训练阶段的后延效果会对随后的训练阶段产生非常大的影响，并对确定取得既定成果的能力产生重大影响。在精心设计的训练分期中，变化的训练因素包括训练量、训练强度、训练密度、训练频率、训练重点和练习的选择等，都是预先规划的。因此，分期训练可以看作对训练因素合理的、综合性的安排和处理，以便在预定的时间点上获得最佳的训练成果。

（四）适应与恢复规律

刺激与适应是运动训练的基本原理也是重要的规律。正是人体对负荷的刺激产生了适应，带来了人体各系统、组织、器官甚至细胞的适应性变化，人的运动能力才能不断提高。比如，力量训练使肌肉选择性肥大，酶的活性提高，力量、爆发力、力量耐力增强，募集肌纤维数量的能力改善，并可能使肌纤维的类型转变，引起神经肌肉系统、结缔组织、内分泌系统的积极性适应。高强度的无氧训练使机体产生的适应主要有Ⅱ型肌纤维亚类间的转变、糖分解酶和氧化酶的增加、血液缓冲酸性物质能力的增强等。

对于适宜的负荷刺激，机体基本遵循"刺激—反应—短期适应—长期适应并提高—消退"的规律进行，但适应效率和程度是不同的。比如柔韧性练习效果以天计，1～2天就可以见效，力量以周计，速度训练需要1个月以上才能起到作用，而有氧能力需要几个月甚至1年以上的时间才能看到明显的效果。练习柔韧性见效最快，而有氧能力训练的适应与提高，需要花费数月、1年甚至更长的时间。机体对不适宜的负荷（过小或过大），不产生良性适应甚至会引起过度疲劳和伤病。同时，这种适应性改变通常具有可逆性，一旦训练中断，获得的适应性就会消退、消失，需要重新进行训练。

没有疲劳就没有效果，没有恢复就无法进行更有效的训练。疲劳是训练的正常反应，但训练不是为了疲劳，而是为了提高竞技能力。恢复阶段涉及能源物质和系统功能的恢复，不同的负荷造成的能源消耗和身体机能的下降需要的恢复时间不同。这种恢复规律是训练课间歇时间的依据，也是课间、周间不同训练负荷内容安排的依据。当代竞技体育训练高度重视恢复，因为人体机能能力是有限度的，适应是有规律的，并不是对任何刺激都能得到良性的应激反应。过多的高强度训练，运动员很难恢复，不仅容易导致疲劳的累积，而且也会造成希望提高的能力不能有效实现的后果，引起训练的负效应。所以科学训练的主要特征并不只是"大运动量"和"高强度"，中低负荷（量和强度）训练也是必要的补充，有其独特的作用。

第三节 体能训练计划的制订

一、运动训练过程

在整个运动训练过程中，体能训练具有极大的影响力。主要涵盖对训练者身体潜力的积极深度挖掘，努力争取使他们的体能提升至极限。在开始每个训练阶段时，作为训练的中心人物和主要关注对象的训练者，他们的体能水平已处于特定状态。我们训练项目的目的是推动训练者的体能更进一步。为了实现这一目标，我们必须了解并正确分析训练框架和体能训练的特性，为达到科学和合理的训练设计奠定理论基础。尽管不同的运动项目有不同的特点，对训练程序的需求也各不相同，不同阶段的运动训练方式以及特定的内容也各有差别，但整体的运动训练过程总是有其自有的规律，并总是按照一定的结构进行组织。

训练过程实质是一个控制过程。通常来说，控制是指控制者基于特定的环境和目标，对受控者进行操纵和影响的行为。训练过程控制就是遵循运动训练的规则，通过特定的方法和路径，使训练过程按照既定的模式进行，目的是成功完成训练，提升运动员的技能，获得优秀的成绩。学者田麦久认为，一个全面的运动训练过程应该包括对运动员初始状态的判断、设定训练目标、制订训练方案、执行训练行动、训练过程的检查评估以及达成训练目标六个核心步骤。评定运动员的初始条件是整个运动训练过程的开始；设定训练目标为运动训练过程确立了一个目标状态，是所有运动训练行动的目的，同时也是对运动训练过程的评价标准。依据运动员当前状态、明确的训练目标和预期的训练路径进行理论设计，通过实行训练方案，将理论设计应用到实践，并进行验证。通过一些特定的指标测量来对训练结果进行检验和评估，将评估结果与训练目标状态对比，寻找差别。基于此，对相应的步骤进行必要的改变和修正，以获得满意的训练结果，并达成预定的目标。

二、训练计划的类型

按照管理学的理论，制订计划应根据组织的内部和外部实际环境，平衡主观可能与客观需求，通过科学预测来设定组织在未来某一时期内需要达成的目标以及实现这些目标的办法。从体育训练的角度来看，训练计划是对未来训练步骤的预期理论设计，是为了实现训练目标选择的技巧性状态过渡路径，同时也是教练和训练者进行训练的指南。一个好的训练计划就是合理的周期训练，对周期性训练的充分理解，将会有助于教练员更好地制订和执行训练计划。为了提升训练者的整体表现和达成设定目标，必须对包括多年、全年以及不同阶段的训练制订一个全面而精细的计划，并通过像训练周和训练课这样的具体训练方式进行逐步实施。这种方式能够确保训练者的技能得到进一步提升。制订训练计划时，要考虑到各种层次间的关联性。每一层次的训练计划都应以训练者的训练目标为基础。设定了训练和比赛目标后，必须对这些训练计划进行系统性地安排和排序，以帮助训练者向训练和比赛目标前进。根据不同的标准，计划可分为不同的类别，比如体能训练计划、战术训练计划、力量训练计划等。实际训练中，经常会按照时间跨度来把训练过程划分成不同的阶段，从而制订出相应的阶段性计划，如多年训练计划、年度训练计划，大周期、中周期、小周期、训练日和训练课计划。

三、制订体能训练计划的步骤

训练计划的制订过程实质上就是对训练的各个要素进行排序和整合。训练要素在训练者训练的各个时期，其内容、比例和要求是不同的。训练各个因素安排不合理可能会导致训练效果差或者过度疲劳，这都不是训练目标预期的发展方向。为了获得最佳竞技状态，要以一种科学有序、合理有效的方式控制训练的各个要素，主要包括项目需求、训练强度、训练密度、训练量、训练手段、训练方法和间歇时间等，充分利用训练干预运动员机体使其产生生理适应。在制订体能训练计划时要有序考虑以下 6 个步骤。

（一）需求分析

一个有成效的训练计划需满足训练者在专项训练中的需求，同时也要照顾到训练者个人的需要。我们可以先了解运动项目的特性和运动员的特质，以此来确定调整训练元素的方式。需要考虑的因素包括项目的能量代谢特征、项目的生物力学特征、比赛特征、训练者的基本目标、训练者的训练经历和损伤情况。

（二）体能与竞技能力诊断

了解训练者体能的缺点和优势才能提高体能训练的针对性。体能包括训练者的力量、速度、耐力及功能性动作水平及贮备情况。如果想要全面掌握身体状况，那么技术、战术能力、心理能力和运动智能的诊断与了解就都不可或缺。竞技能力的各个构成因素是一个整体，既相互促进，又相互制约。全面了解训练者的竞技能力，才能对体能训练了然于胸，尤其要了解训练者在体能上的不足及运动项目对体能的特殊需求。

（三）明确指导思想

训练指导思想是在掌握运动训练理论知识的基础上，通过实践经验所形成的对训练过程、周期、负荷包括体能的看法。只有尊重和利用运动训练规律，才能保证训练的科学性。教练员的指导思想对运动训练带来的影响极其深刻和长久，需要教练员、体能训练师不断了解运动前沿动态，提高科学素养，形成正确的训练思路。

（四）进行周期规划

周期安排合理的计划才是好计划。周期划分紧紧围绕比赛安排进行，要考虑比赛的需求和运动员个人情况，不盲目过多地参加比赛，而是把比赛看成一个完整训练计划的组成部分。现阶段由于比赛的增加，传统的单周期、双周期安排已经不能适应需要。体能训练计划要适应发展的趋势，以多周期安排为主，而且这种短平快式的节奏安排既能使运动员身体机能产生适应和提高，也便于把握和诊断竞技状态以及阶段性地调整、优化训练方案。

（五）选择训练内容和手段，确定方法、负荷

影响训练效果最直接的因素是训练内容、手段、方法、负荷，这也是运动训练中最大的可变性因素，要根据运动员阶段性需要选择训练手段，在注意多样化的同时，注意使用有特异性作用的手段。训练中并没有最好的手段，只有更适应、更能解决问题的手段，有些手段不能很好地解决问题，甚至会产生负效应。有些手段看上去像专项手段，其实还有很大差距，需要进行综合的生物力学和生理、生化分析。

训练内容和手段确定后，负荷及方法就成为影响训练效果的直接因素。提高最大力量的最佳负荷区域是 1～6 次极限用力，高强度力量耐力选择 10～15 次负荷区域更有效。其他训练内容也是同样的道理，不在合理的负荷区域就不能达到最佳训练效果。同时，要注意阶段性地改变手段和负荷，一旦训练者对手段及负荷产生了高度适应，其训练效率就会下降。

（六）制订完整的训练计划

在上述 5 个步骤的基础上，整合各个环节，安排放松手段，设置测评、反馈通道，以便进行阶段性调整、完善体能训练方案，形成完整的体能训练计划。体能训练计划完成后，不能轻易改变，应该相对固定，特别是不应该随意改变体能训练的框架和进程，可以对一些具体的手段、负荷进行必要的调整，除非出现较大的变故而无法执行原计划，否则会对体能训练的系统性造成不利的影响。

第四节　体能训练设计与实施

一、体能训练设计的类型和目的

运动训练是一个漫长而复杂的活动。一名训练者从选材开始接受训练，到成为一名优秀的选手，要进行长达数年、十几年的训练。之后维持最佳竞技状态又可以持续数年，耐力项目选手甚至在 40 多岁仍然可以保持高水平的竞技状态。项目种类繁多，其中有些项目需要成年后才能达到高峰。比如举重、投掷、马拉松、篮球、足球、排球和网球等，而另一些项目，诸如女子体操、艺术体操、蹦床和技巧等，年纪较轻便可以取得佳绩。还有既适合青少年也适合成人的项目，比如乒乓球、游泳等，无论是青少年还是成年人都能一展身手。因此，要进行有效的控制，必须进行整体的考量和系统的训练设计。

（一）训练设计的类型

根据目的和时间跨度，可以把训练设计分为下列几种类型。

1.宏观过程设计

主要对训练者的体育生涯进行了全过程规划，包括基础训练、专项提高、最佳竞技和竞技保持四个阶段如何有效衔接，各阶段应该分别达到何种水平。理想的宏观过程设计应该更全面一些，包括学习教育和职业生涯，因为这牵扯到运动员的个人发展，要以人为本。科学

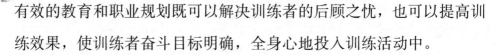

有效的教育和职业规划既可以解决训练者的后顾之忧，也可以提高训练效果，使训练者奋斗目标明确，全身心地投入训练活动中。

2. 中观过程设计

主要是对 1～4 年的区间性训练设计，围绕年度和阶段性目标，有序地安排一般训练内容和专项训练内容，选择大周期类型，确定负荷的总体趋向，安排比赛系列，阶段性提高竞技能力，完成预计的成绩指标。中观过程中尤其要重视经验的总结，反思得失，不断优化训练计划。

3. 微观过程设计

对大周期、中周期与课时训练进行细节设计。围绕年度和大周期计划，安排不同类型小周期的序列，把握负荷节奏。尤其要对各阶段的训练手段、技术动作、强度与量的搭配、训练方法、放松与营养措施等进行精细的考虑和有序的安排，避免出现状态大起大落和疲劳的积累、伤病等影响训练系统性的问题。

（二）训练设计的目的

1. 使训练成为一个客观、可控的过程

设计训练计划的依据主要是训练目标和运动员的现实状态。要通过生物力学、生理生化手段，对训练者体能、技能、负荷强度、生理反应等进行数字化诊断，建立数字化的训练体系，便于及时地评估和调整，使训练过程成为一个可以控制的过程。

2. 每个训练阶段都达到预期的训练效果

训练是分阶段性进行的，各阶段有各阶段的目的和主要任务。只要设计合理、目标适当、科学安排负荷，就能够实现预期效果。各阶段训练成效和运动成绩并不是越高越好，而应该在设计控制的范围内。

3.让个人和集体的状态在重要比赛中达到巅峰

训练者的状态是有起伏的，要尊重竞技状态形成的规律，通过合理的负荷刺激和有效的监控，促使训练者体能状态、竞技能力在最重要的比赛中达到顶峰。这一点对集体项目尤其重要，因为个人的状态低迷会影响集体的完美表现，甚至成为场上比赛的薄弱环节，所以应该重视集体项目的个性化训练。

二、体能训练设计需考虑的要素

在编制体能训练计划时，必须顾及各种人群的生理特性，并且要符合体育训练的基本规律。思考如何实现训练目标的要求和方法是关键，还需要重视训练者的整体情况以及实际运动场地和设备的条件。教练在设计训练计划之前，应对专业赛事的需求进行分析和思考，还需要对训练者的一般体能、专项体能和损伤情况进行评估，结合运动类型的生理和生物力学属性以及可能的伤害风险，进行有计划的编制，并对训练进程进行追踪管理。因此，在确定体能训练计划时，必须重视以下几个要素。

（一）训练目标

体能训练目标的确立可以为训练计划的设计指明方向。比如：力量训练的目标是增大肌肉体积还是增加最大力量，注重爆发力还是局部耐力，平衡性、协调性和柔韧性的侧重点问题等。体能训练计划的制订应围绕长期与近期、总体与局部相结合的目标进行设计和规划，目的在于

通过合理的安排实现预先确定的训练目标。

（二）起始状态

训练的初期阶段是训练者开始训练的起点，也是提升竞技性能的基础。以实现训练者竞赛性能的改变为依托的训练计划，必须适应训练者的实际状况，要求具有接受性和有效性。可以通过诊断准确地理解起始状态，包括竞技能力、运动成绩和训练负荷。体能状态的诊断与了解是进行体能训练设计最为核心的内容。

（三）自身特点

承担负荷刺激的是训练者个人，个人特点的不同要求训练计划要有针对性。在设计训练计划时应该充分地考虑个人的年龄、性别、生长发育状况、生理、解剖特征以及个性心理特点等。

（四）运动训练的客观规律

在确定体能训练计划的过程中，我们必须根据客观规律进行科学的计划和布局，这样才有机会获得成功。其中，我们在训练过程中需要遵循的运动训练规律包括以下内容：

1. 竞技状态的形成与周期性发展

针对竞技状态的形成和周期性的发展规律，设置训练期的架构，划分训练阶段，并据此进行训练负荷与比赛负荷的节奏调整。

2. 人体对训练的生物性适应和转变规律

带给训练者身心深度刺激的训练可以产出累积的适应效果。各类竞技技能及能量物质对于不同负荷后的错时恢复有特别的规律，该规律决定了负荷节奏的合理安排。只有科学地进行大负荷的训练，训练者才能有效地提升负荷承受能力，带来有利的生物性适应转变。

3. 大型赛事的安排规律

所有训练流程、阶段划分以及训练的主题、方式和策略等，均应围绕比赛展开。合理的比赛安排应以重要赛事为核心，形成大、中、小三个级别的比赛交织安排的赛事连续体。训练者不能参与所有的比赛，在编制计划时，必须认真考虑各类比赛所设定的实际节奏，并根据运动员自身的表现，进行合理地设定参加比赛的等级和频率。

（五）运动项目的能量代谢和生物力学特征

能量代谢是影响运动能力极为重要的因素。不同的运动项目、不同的强度及持续时间具有不同的能量代谢特征。依赖 ATP-CP 系统的最大强度运动，能维持的时间仅有 10 秒，而持续的高强度运动主要由糖酵解系统提供能量，其能量一分钟内就会大幅降低。运动项目的主导能量代谢系统主要取决于参与肌群和能量代谢路径。教练员需要在技能、策略、身体竞赛能力、体力负荷、能源代谢和供应（包括磷酸原系统、糖酵解系统和有氧系统）等各方面，为每个专项运动做出合适的训练安排。

经过对专项运动技术动作的生物力学分析，体能教练可以把握技术动作的重要环节，包括技术动作的种类、运动时关节的活动范围、运动期间肌肉的收缩方式以及完成动作的速度要求等。调查动作类型和肌肉收缩方式对体育教练选择与专项运动在生物力学上相似的训练方法十分有帮助，这在力量训练中尤其重要。

再者，必须考虑进行训练的现实状况。基于日常训练所能提供的

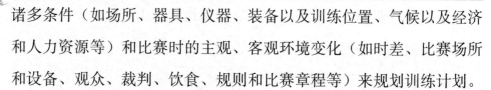

诸多条件（如场所、器具、仪器、装备以及训练位置、气候以及经济和人力资源等）和比赛时的主观、客观环境变化（如时差、比赛场所和设备、观众、裁判、饮食、规则和比赛章程等）来规划训练计划。

三、体能训练设计的实施路径

体能训练设计需要采用系统化的思考和手法，对训练全过程的每一部分以及它们间的相互作用进行客观的分析、评定和掌控，协调好训练的需求、内容以及训练者的关联性。应按照训练者真正的体能需求来设计体能训练，对特殊体能特性做出充分的关注和分析，理解运动员的能力出发点、体能差异以及技战术风格，并以此作为训练设计的参考准则。

体能训练设计是一个训练者在实际训练中出现问题时，寻求解决方案和策略的过程。科学合理的体能训练设计能提供一个高效务实的训练框架，可以借助有逻辑性和分步骤的方式，在各个层面上编排训练任务、练习内容以及练习量，确保能在预设的时间节点上触发确切的生理反应并提升运动表现。

（一）直线型实施路径

在构建和实施体能训练路线图的过程中，直线型实施路径需要逐个有针对性地提升训练者的体能素质。在力量训练中运动员的竞技能力发展水平与力量素质的确存在线性训练方法。通常来说，竞技能力较高的训练者相比能力较弱的，他们能更好地应对爆发力训练。

设计策略的直线型体能训练优势表现在其能明确地追踪体能发展的进程，然而，其不足在于该直线型的实施路径并不一定能够满足所

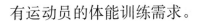

有运动员的体能训练需求。

（二）并进型实施路径

在体育运动中，某些团队运动项目需要运动员全方位地增强各种体能素质，以全面提升其比赛实力。然而，由于某种特定的训练模式或者特定的细胞信号传输方式可能引发"负迁移"效应，导致训练者往往要以牺牲一项体能能力为代价，才能提升其他体能素质。在训练实践过程中教练员发现：在一个训练周期内，耐力素质与爆发力素质的训练，在不同的训练量与强度的实施过程中存在相互影响和迁移现象，在训练过程中要调整好训练的方式、内容与负荷的安排，特别是训练间隔，确保机体对于两种训练方式的生物学适应。

并进型实施路径适用于在一个较长赛季中（如篮球或足球），运动员保持或小幅提高某几项体能素质，或是针对某个正处于上升期的运动员。此实施路径不适合那些训练有素的训练者，因为他们倾向于较大幅度提高单项体能素质。

（三）组合型实施路径

在理论研究和实践过程中，教练员和科研人员都极其重视并且难以掌控的一个关键问题就是训练负荷。如何在训练者的身体上施加适度的训练刺激，使其身体产生积极的适应性改变并逐步适应训练负荷，是在运动训练过程中急切需要研究的问题。

组合型实施路径，意味着在一个小训练周期内，多种体能能力同时得到锻炼，但只有一种体能指标的训练强度能达到顶峰。比如，对于专门从事跳远的训练者，他们需要将最大力量、速度力量和力量耐力的训练达到极致。当他们每周三次进行力量训练时，每次的训练方案都会涵盖这三大素质，但每周也会专门强化一个，其余两个则训练强度较低。比如第一周可能主要专注于提升最大力量，第二周可能着重于提高速度力量，第三周可能集中于增强力量耐力。

组合型训练方法在一个训练期内，可以同时提升数个体能素质，且不会导致不必要的疲劳。为此，训练者须拥有充足的身体素质才能完成预定的训练强度。

（四）专注型实施路径

在运动训练实践过程中由于人体机能存在个体差异，所能承受能力的极限有很大不同。实践经验表明，越是接近极限的负荷作用于人体所能产生的训练效果越好，但同时又会存在过度训练的风险。日益增多的证据揭示，集中式的训练能有效地增强和优化某种体育能力。专注型的体能训练设计主要考虑的问题是短期内集中刺激和发展某项体能素质，使机体短期内产生良性应激和适应。

专注型实施路径的主要优点是在短时间内某一体能因素的能力可以得到显性增长。但由于练习的数量和强度极高，练习过程相对较为枯燥无趣，因此这是对于高水准、专门的训练者实行的短期实施路径。

（五）板块型实施路径

在 20 世纪 80 年代后期，针对马特维耶夫的传统分期训练理论存在的问题，维尔霍山斯基提出了"板块"（Block）理论。他发明了一种名为"集中负荷效应"的训练方法，即教练以板块模式编排训练计划，主要侧重于关注对训练者成绩有重大影响的关键因素和训练者本身的短板。这种针对性的提升和优化方法，有助于训练者持续在专业表现上取得突破，这种实施路径的出现是为了帮助那些在一个赛季中需要几次达到竞技状态峰值的训练者应对体能挑战而设计的。实施板块型路径的方式是在一段密集的短期训练中，依据训练者的体能发展需求，创设出满足其不同体能发展需要的，并且按照顺序存在某种迁移关系的训练板块。因为各个板块都可能积累较高的疲惫度，所以教练团队相信可运用训练的延迟效应在结束板块训练时达到高峰。通常而言，训练板块应涵盖 3 个小周期，即累积阶段、转换阶段和实现阶段。

提高体能素质是积累板块的主旨，如增加最大能量和耐力，并且这种训练成果能保持一段较长的时间。在转化阶段，训练则更侧重于特定运动项目所需的体能素质。至于最后的执行阶段，应该减轻训练的负荷，集中全力在比赛表现的磨炼和竞技状态的调控上。

（六）减量型实施路径

针对周期性训练，调控训练量以实现训练者在比赛当天的最佳身体状态，同时避免体力透支，是其中最困难的环节之一。减量型实施路径通过迅速减小训练的数量和强度，从而在比赛开始前达到超量恢复的计划。这种实施路径可以和某一微周期混合采用，如一支每周有一场比赛准备的队伍，或者可以单独形成一个小周期，比如一位正在为世界锦标赛做准备的游泳选手。目前，训练理论普遍支持在比赛之前快速减少训练量但维持训练强度，合理的训练负荷可以协助训练者在比赛时保持最佳的竞技状态。

　　减量型实施路径能够为训练者的疲劳恢复提供保障，为训练者创造良好的竞技状态和体能储备。同时，我们应注意到，每位训练者对这种减量的反应存在显著的个性差异，在调整每名训练者的竞赛状态时，应充分考虑其个体差异。

参考文献

[1] 白杨，傅涛 . 功能性体能训练对大学男生体质健康水平的影响 [J]. 中国学校卫生，2017（12）：1886–1888.

[2] 蔡睿 . 专项体能研究的可视化分析 [J]. 文体用品与科技，2020（02）：178–179.

[3] 曹颖，段旭亮 . 体能训练在高校体育教育中的创新体系 [J]. 当代体育科技，2022（09）：75–77.

[4] 丁峰 . 现代体能训练的科学理论与方法探索 [M]. 北京：中国书籍出版社，2023.

[5] 董山山，张静丽，叶圣钢 . 高校公共体育课中开设体能课程的必要性及策略 [J]. 西部素质教育，2020（11）：67–68.

[6] 段海庆 . 篮球训练融入大学体育教育研究 [J]. 当代体育科技，2022（22）：29–32.

[7] 付成君，张典英 . 体能导向的大学体育教学模式研究 [J]. 绵阳师范学院学报，2021（11）：129–134.

[8] 高炳宏 . 我国现代体能训练的现状、问题与发展路径 [J]. 体育学研究，2019（02）：73–81.

[9] 高俊霞 . 高校体能课教学改革融入拓展训练的方法探讨 [J]. 创新创业理论研究与实践，2021（15）：158–160.

[10] 巩庆波，吴瑛，刘英辉，等．健康中国背景下体能、运动技能协调发展的大学体育改革研究 [J].中国学校体育（高等教育），2017（08）：34–37.

[11] 郭庆．体育运动中的体能训练分析 [M].北京：北京工业大学出版社，2019.

[12] 郭守康，曹西文，张涛．关于我国体能训练存在的问题及对策的研究 [J].田径，2019（04）：33–34.

[13] 韩旭．大学体育教学中大学生体能素质的培养 [J].田径，2019（12）：31–32.

[14] 何丽琴．大学田径教学训练中体能训练的要点探究 [J].田径，2021（12）：37–38.

[15] 胡盟盟，李米环．高校学生体能训练原则探析 [J].文体用品与科技，2020（13）：65–66.

[16] 怀亮．大学生实用体能训练设计与方法研究 [M].北京：中国水利水电出版社，2017.

[17] 黄中科．大学体育篮球体能训练现状和对策研究 [J].文体用品与科技，2020（10）：220–221.

[18] 江燎．基于学生体能训练的大学体育教学课程构建分析研究 [J].湖北开放职业学院学报，2021（23）：152–153.

[19] 劳家杰．高校大学生体能训练现状与提高策略的研究：以华南师大男篮为例 [J].当代体育科技，2021（26）：65–67.

[20] 李广文，师庆新．体能研究：概念、范畴、历史与发展 [J].德州学院学报，2019（06）：70–75.

[21] 李红贵．中国体能训练的研究热点与内容分析 [J].田径，2022

（11）：33–35.

[22] 李继超．基于学生体能训练的大学体育教学课程构建 [J]. 当代体育科技，2019（05）：130.

[23] 李军，杨光．对大学篮球教学体能训练方法的分析与研究 [J]. 文体用品与科技，2019（21）：238–239.

[24] 李亮，许宇斌，高琪．大学生综合体能训练与体质测试的方法 [M]. 北京：中国水利水电出版社，2016.

[25] 李小兰，肖瑶，杨利红．高校举办体能挑战赛对大学生体育锻炼的影响 [J]. 四川体育科学，2021（03）：128–131.

[26] 李晓富，孔凡明．我国体能训练的研究热点与实践启示 [J]. 当代体育科技，2023（05）：43–46.

[27] 梁昊，张伟，董晶晶．高校大学生体育训练中体能素质的培养 [J]. 文体用品与科技，2022（02）：24–26.

[28] 刘翀．大学生体育教学中大学生体能素质的培养 [J]. 当代体育科技，2020（34）：155–157.

[29] 刘崇辉，温霜威，史银斌．高校综合体能训练与体质测试的方法与实践 [M]. 长春：东北师范大学出版社，2015.

[30] 刘楠．功能性体能训练对大学生身体素质的影响 [J]. 宿州教育学院学报，2019（06）：84–86.

[31] 刘冉．大学体育教学中篮球体能训练法分析 [J]. 当代体育科技，2020（10）：71.

[32] 刘伟．高校体育教育创新理念与实践教学研究 [M]. 北京：九州出版社，2019.

[33] 刘伟凛，尹航．功能性体能训练与高校综合体能课程的结合应用

[J]. 文体用品与科技，2021（15）：137-138.

[34] 陆春红，陈雷，孙雅薇. 以学生体能训练为目标的大学体育教学课程构建研究 [J]. 当代体育科技，2019（25）：119-120.

[35] 麻晓鸽. 大学生体能训练的必要性及策略研究 [J]. 当代体育科技，2022（16）：13-15.

[36] 莫云仲，尹训强. 青少年进行体能训练的重要性与必要性 [J]. 运动精品，2021（08）：61-63.

[37] 邱雨. 高校体能训练理论与方法的应用实践 [M]. 北京：中国经济出版社，2020.

[38] 施小花. 当代高校体育教育理论与发展探究 [M]. 长春：吉林人民出版社，2021.

[39] 石宝华. 基于学生体能训练的大学体育教学课程构建分析 [J]. 江西电力职业技术学院学报，2020（11）：43-44.

[40] 石宝华. 基于学生体能训练的大学体育教学课程构建分析 [J]. 辽宁经济职业技术学院. 辽宁经济管理干部学院学报，2021（01）：143-145.

[41] 苏泽海. 大学田径教学中的体能训练探究 [J]. 当代体育科技，2019（05）：20-21.

[42] 隋岩. 浅谈大学体育教学之篮球体能训练法研究 [J]. 当代体育科技，2021（08）：81-83.

[43] 孙杨杨. 大学生体能训练的影响因素及体能素质提高策略研究 [J]. 青少年体育，2020（11）：124-125.

[44] 孙有平，孙民康. 中国竞技体能训练基本问题反思与对策研究 [J]. 成都体育学院学报，2023（02）：135-142.

[45] 佟浩，廉东旭 . 高校大学生体能素质的影响因素及培养途径研究 [J]. 体育世界（学术版），2019（06）：127.

[46] 王敏琦 . 大学田径教学训练中体能训练的要点试析 [J]. 当代体育科技，2020（26）：58–59.

[47] 王伟鹏 . 高校体育教学开展体能训练的必要性及对策 [J]. 水利水电科技进展，2022（03）：127–128.

[48] 王勇，潘壮丽 . 传统武术体能训练与现代体适能训练比较研究 [J]. 中华武术（研究），2018（02）：15–17.

[49] 王占康，敬龙军，唐海军 . 我国体能训练的研究热点及发展趋势 [J]. 湖北体育科技，2019（11）：1018–1023.

[50] 吴林 . 大学体育篮球选项课中体能训练的现状分析 [J]. 文体用品与科技，2021（16）：21–22.

[51] 肖乡子 . 基于学生体能训练的大学体育教学课程构建分析 [J]. 田径，2019（12）：28–29.

[52] 辛雅妮 . 功能性训练对大学网球专项学生体能的影响研究 [J]. 文体用品与科技，2020（11）：227–228.

[53] 许翔 . 大学田径教学训练中体能训练的要点分析 [J]. 当代体育科技，2019（31）：36.

[54] 晏阳天 . 我国现代体能训练的现状、问题与发展路径 [J]. 文体用品与科技，2021（11）：39–40.

[55] 杨光兰，黄尚军 . 体育强国背景下体能训练对我国青少年体质健康促进的研究 [J]. 青少年体育，2022（02）：36–38.

[56] 杨红，周菲 . 健康教育视角下大学生体能与学习成绩的关系研究 [J]. 辽宁大学学报（哲学社会科学版），2018（01）：170–176.